내가 아파 보기 전에는 절대 몰랐던 것들

내가 아파 보기 전에는

절대 몰랐던 것들

인생의 크고 작은 상처에 대처하는 법

안드레아스 잘허 지음 | 장혜경 옮김

살림

인생의 힘든 시험을 겪으면서도

결코 사랑과 행복을 잃지 않았던

강인한 두 여인,

어머니 에바와 할머니 마리아에게

이 책을 바칩니다.

친구들에게 이 책의 내용을 들려주면 다들 호기심을 보이면서 열심히 써 보라고 격려해 주었다. 하지만 그들이 재미있고 중요하다고 생각하며 관심을 보인 것은 인간이 받은 상처의 목록뿐만이 아니었다. 내 친구들은 물론 이 책을 읽는 독자들도 이 책이 구체적으로 상처에 대처하는 방법을 가르쳐 주기를 기대할 것이다. 따라서 당장 요점으로 직행하자. 상처는 아주 작은 일에서 시작되고, 마음의 성장은 관심에서 시작된다.

1부에서는 사람들이 상처를 받을 수 있는 몇 가지 '위험 지구'를 소개하기로 한다. 상처는 태어나면서부터 시작되어 유치원, 학교, 일터로 계속 이어진다. 사랑과 모욕과 이별, 심지어 육아도 심각한 상처를 입힐 수 있다. 우리가 노인을 구박하고 모욕하면 우리 사회 전반에 어떤 결과가 초래되는지는 안타깝게도 우리 부모님이 그런 일을 당하고 나서야 깨닫게 된다. 자신의 경험담인 이야기도 많겠고 전혀 생소한 내용들도 적지 않을 것이다. 상처가 될 수 있는 일의 범위와 고통의 단계는 실로 상상하기 힘들 정도로 많고 다양하다. 이 책을 쓰기 전만 해도 나는 단 한 번도 내 친한 친구들마저 그처럼 깊은 영혼의 상처를 안고 있으리라고 생각하지 못했다. 그 상처가 친구들의 인생행로를 얼마나 바꾸어 놓았는지를 상상도 하지 못했다.

상처의 시작은 작은 **무관심**이다.

넌 못할 거야. 넌 멍청해. 넌 실패한 인생이야. 이런 **선입견**은 반복될 때마다 점점 굳어지고, 결국엔 순진무구한 인생에게 내린 사형선고가 되고 만다.

처음 아기가 태어나면 부모는 아이를 조건 없이 사랑한다. 하지만 얼마 되지 않아 **비교**의 시간이 다가온다. 누구 집 자식이 제일 먼저 걸음마를 하나? 누구네 아이가 말을 제일 먼저 하나? 누가 더 잘생겼나? 누가 더 똑똑하나?

학교에 들어가면 비교는 **평가**라는 명목으로 객관화되고 체계화된다. 누가 1등만 하나? 누가 꼴찌인가? 누가 수학 경시대회에서 우승을 했나? 누가 교복을 멋지게 입고 다니나?

물론 모든 무관심, 선입견, 비교, 평가가 상처를 낳는 건 아니다. 손가락을 베여 피가 살짝 났다고 해서 당장 죽지는 않는다. 우리를 피해자와 가해자로 만드는 것은 그 뒤에 숨은 메커니즘이다. 누군가 우리의 상처 입은 자리를 계속 건드릴 때 우리는 피해자가 되어 괴로워한다. 누군가에게 문신용 바늘로 수백 번의 상처를 입혀 결국 그것이 실패자라는 커다란 문신이 된다면 우리는 그를 괴롭히는 가해자가 된다. 피부에 난 문신도 쉽게 지워지지 않는데 하물며 영혼에 새겨진 문신이야 더 말해 무엇 하겠는가. 영혼의 문신은 한 사람의 인생을 망칠 수 있다.

작은 상처도 같은 자리에 자꾸 모이면 심각한 문제를 일으킨다. 무관심과 비하의 말이 오가는 곳에서 관계는 시들어 간다. 쌓이고 쌓인 선입견은 민족 간 갈등을 일으킨다. 이혼 소송도 세계대전도 계기는 사소하기 이를 데 없다.

물론 우리는 이 세상의 모든 부정부패를 불식시킬 수 없고, 또 세상만사가 내 책임이라고 생각할 필요도 없다. 하지만 적어도 매일매일 남에게 상처를 주지 않는 결정을 내릴 수는 있다. 아주 간단히 자신에게 묻는 것만으로도 충분할 때가 많다. 나 자신에게 좋은 일인가? 남들에게 좋은 일인가? 용납할 수 있는 행동인가?

2부에서는 상처에 대처하는 바람직한 방법에 대해 이야기하고자 한다. 별것 아닌 작은 상처에도 쉽게 무너지는 사람들이 있는가 하면, 상상하기도 힘든 고통도 무난히 이겨 내는 사람이 있다. 그 차이는 무엇 때문일까? 자신의 상처에 어느 정도의 의미를 부여하는가가 결정적 기준이다. 다시 말해 상처를 극복하느냐 마느냐는 깊은 상처를 최고의 재능으로 발전시킬 수 있는가에 달려 있다는 말이다.

3부에서는 세 사람의 이야기를 통해 자신과 타인에게 상처를 주지 않을 수 있는 기술을 다룬다. 베네딕트회의 수도사 다비드 슈타인들 라스트는 쫓기는 일상에서도 우리의 감각을, 무엇보다 우리의 가슴을 열 수 있는 방법을 가르쳐 준다. 열린 마음은 상처받기 쉬운 마음이기도 하다. 그리고 상처받기 쉬운 마음만이 사랑하는 마음이 될 수 있다. 행복 연구가 미하이 칙센트미하이의 교훈은 우리 안에서, 그리고 우리 자녀들에게서 행복의 능력을 키울 수 있는 방법을 가르쳐 준다. 빌 스트릭랜드는 가장 위험한 게토 안에 지은 그의 학교를 통해 구체적인 프로젝트만 있으면 아무리 어려운 상황에서도 세상을 바꿀 수 있다는 사실을 입증해 보였다. '마음의 학교'는 우리 모두를 더 나은 인간이 되도록 이끌어 준다.

차 례

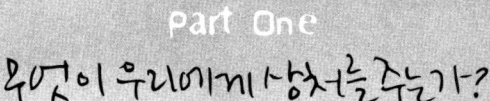

part One

무엇이 우리에게 상처를 주는가?

상처는 어디에나 있다

아이들의 영혼은 쉽게 무너진다. 내가 이 책을 쓰게 된 것은 라디오 방송 때문이었다. 게스트로 참여한 한 프로그램에 청취자 한 사람이 전화를 걸었다. 먼저 자기 아들의 학업 문제로 이야기를 시작한 그가 갑자기 자신의 초등학교 시절 이야기를 꺼냈다. 어버이날을 맞이하여 반 전체가 부모님께 드릴 선물을 만들고 있었다고 했다. 그도 직접 그린 그림에 사랑을 듬뿍 담아 만든 파란 해바라기를 붙이는 중이었다. 그런데 담임 선생님이 그의 그림을 보더니 확 뺏어서는 이렇게 말하며 쭉 찢어 버렸다.

"바보야, 파란 해바라기가 세상에 어디 있어?"

그 남자는 이 이야기를 하면서 수화기에 대고 울음을 터트렸다.

"40년도 더 지난 일이지만 그 생각만 하면 지금도 가슴이 아파요."

겨우 마음을 진정한 그는 자신이 지금은 사회적으로 아주 성공한 사람이라고 말했고, 자기 이야기를 들어주어 고맙다는 인사를 건넨 후 전화를 끊었다.

어린 시절 다리에 상처가 생기면 어머니는 연고를 발라 준다. 상처가 심각하면 어머니가 우리를 병원으로 데려가고, 병원에 가면 의사 선생님들이 상처를 치료해 준다. 이렇듯 일시적으로 고통은 따르겠지만 몸의 상처는 깨끗하게 나을 수 있다. 하지만 마음의 상처를 낫게 해 줄 탁월한 치료법은 예나 지금이나 우리 곁에 없다. 심지어 얼마나 다쳤는지, 마음의 상처가 얼마나 심한지조차 깨닫지 못하는 경우가 허다하다.

어린아이는 우주를 통틀어 가장 소중하면서도 가장 연약한 존재이다. 아이들은 그냥 자라는 것이 아니라 교육을 통해 성장한다. 따라서 오히려 바로 이 교육을 통한 왜곡의 단계에서 많은 것이 망가질 수 있다. 겉보기에는 아무것도 아닌 사소한 일도 영원히 기억에서 지워지지 않을 수 있다. 이런 일들이 우리 인생의 3분의 1에, 그러니까 밤에 잠자리에 누울 때, 혹은 잠을 잘 때나 꿈을 꿀 때 어두운 그림자를 던진다고 한다. 그래서 많은 사람들이 밤을 두려워한다.

대부분의 아이들에게 아낌없는 사랑과 보살핌을 베풀어 줄 부모가 있다. 그리고 다행스럽게도 대부분의 아이들은 구타를 당하거나 지하실에 감금되거나 성추행을 당하지 않는다. 어린 시절의 상처는 관심과 보호의 결핍으로 인해 생겨난다.

무대에 서서 나 혼자만 입 다물고 있었어요

카타리나는 어린 시절 프랑스 유치원에 다녔다. 아침 9시부터 10시까지 매일 한 시간씩 프랑스어 수업을 하는 유치원이었다. 그런데 밤늦게까지 일을 하는 엄마는 11시가 되어서야 그녀를 유치원에 데려다주었고, 따라서 카타리나는 프랑스어 수업을 한 번도 듣지 못했다. 연말이 되어서 학예회가 열렸고, 학부모들 앞에서 아이들이 프랑스어로 노래를 불렀다.

"친구들은 매일 1시간씩 배웠으니까 프랑스어를 잘했지만 전 한 마디도 못했어요. 그런데 당시 제가 키가 작고 귀엽게 생겨서 선생님들이 저를 제일 앞줄에 세웠어요. 파란 원피스를 예쁘게 차려입고 열심히 노래를 부르고 싶었지만 안 배웠으니 제대로 따라 할 수가 있나요? 그야말로 공개적인 대 망신이었죠. 꼭 하고 싶은데 할 수 없는 느낌, 친구들이 부르는 노래가 왜 그렇게 안 끝나던지……."

30년도 더 지난 지금까지 카타리나는 그날의 일을 생생히 기억하고 있다.

안드레아스는 방학을 맞아 난생처음으로 한 달 일정의 여름 캠프를 떠났다. 부모님이 두 분 다 직장 생활을 하셔서 방학 동안 그를 돌봐 줄 수가 없었던 것이다. 하지만 예민한 여덟 살 외동아들에게 그 캠프는 잊을 수 없는 악몽이 되고 말았다. 2층 침대의 불편한 잠자리와 질 나쁜 식사, 서로 대장이 되겠다는 사내아이들의 다툼도 견디기 힘들었고 무엇보다 집이 정말 그리웠지만 그래도 그런 건 몇 달만 지나면 좋은 추억으로 남을 고생이었다. 그 나이프 사건만 없었더라면 말이다. 알름 산으로 등산을 가던 날이었다. 등산을 마치고 숙소로 돌아가기 직전 한 사내아이가 안드레아스의 짧은 가죽 반바지 호주머니에 슬쩍 나이프를 집어넣었다. 아마 몰래 숙소 부엌에서 훔친 나이프로 안드레아스를 골탕 먹이려고 그랬던 것 같다. 하지만 안드레아스가 이 사실을 알아차리기도 전에 그만 선생님에게 나이프를 발각당하고 말았다. 숙소에 도착한 그는 곧 심문을 당했다. 아무리 자기가 그런 게 아니라고 주장했지만 소용없었다. 거짓말은 그만하고 순순히 자백하라는 종용만 돌아왔을 뿐. 두 선생님이 돌아가면서 '당근'과 '채찍'으로 회유하고 위협했다. 지친 안드레아스는 자포자기의 심정이 되어 결국 저지르지도 않은 짓을 자백했다. 다른 친구들에게 겁을 주려고 몰래 부엌에서 나이프를 훔쳤다고 말이다.

그는 그 당시 무슨 벌을 받았는지는 기억이 나지 않지만 억울하고 답답했던 심정은 지금까지도 생생하게 기억한다. 훗날 그 사건을 떠올릴 때마다 그는 너무 어려서 협박에 대항하지 못했던 자신이 부끄럽고 화가 났다. 그리고 그 여름 내내 알름 산에서 먹었던 맛없는 걸쭉한 수프를 떠올릴 때마다 속이 메스껍다. 그날 이후 안드레아스는 말 안 들으면 기숙학교에 넣어 버리겠다는 부모님의 협박을 제일 무서워했다. 물론 부모님은 그를 기숙학교에 보내지 않았다. 하지만 집단생활의 아픈 기억은 '자라 보고 놀란 가슴'이 되어 기숙학교라는 말만 들어도 경기를 일으키게 만들었던 것이다.

우리는 오랜 세월 영혼의 고통에 대해 모르고 살았다. 몸이 아프면 동정과 관심을 받는데 마음이 아프면 전혀 다른 반응이 나온다. 친구들에게 무릎을 다쳐 수술을 해야 한다고 말하면, 다들 안되었다는 표정을 지으면서 어느 병원에 무릎 수술 전문가가 있는지 앞다투어 정보를 제공한다. 하지만 일터에서 우울증이나 공포증을 털어놓으면 다들 슬슬 피하기만 할 뿐이고, 심하면 직장마저 잃을 수 있다. 정신과에서 치료를 받는다는 이야기는 아무한테나 털어놓을 수 있는 주제가 아니다. 심리적 상처는 누구도 예외가 아닌, 세계 최강의 주먹을 가진 남자조차 피할 수 없는 문제인데도 말이다.

인생이 날리는 주먹에 멍들다

무하마드 알리의 50번째 생일 날 파티가 열렸고 할리우드 스타 더스틴 호프만도 초대를 받았다. 한때 세계 최강의 주먹이었던 알리는 당시 이미 파킨슨병이 상당히 진행된 상태였다. 파티가 끝나고 새벽 5시, 알리가 더스틴 호프만에게 전화를 걸었다.

"무서워 벌벌 떠는 목소리로 그가 물었어요. '내가 바보가 된 거지? 진실을 말해 줘…….' 우리 모두가 얼마나 보잘것없는 존재인지, 그보다 더 확실한 증거가 있을까요?"

그날의 사건을 돌아보며 더스틴 호프만은 이렇게 말했다.

무하마드 알리는 권투 선수로 지내는 동안 얻어맞은 주먹보다 두들겨 팬 주먹이 더 많았다. 하지만 정작 그가 얻어맞은 최강의 주먹은 상대 선수가 아니라 인생이 던진 주먹이었다. 물론 권투 선수라는 직업 특성상 맞고 때리는 것쯤 아무것도 아닐 수 있다.

하지만 일상생활에서도 우리는 우리가 짐작하는 것보다 훨씬 많은 주먹을 얻어맞는다. 알코올 중독자나 길거리 불량배들만 주먹을 휘두르는 게 아니다. 지극히 정상적인 아버지들도 주먹을 휘두른다. 그들의 주먹엔 자식의 저항과 고집, 반항을 꺾겠다는 욕심이 숨어 있다. 하지만 폭력은 너무나 굴욕적인 학대의 한 형태이다. 아이는 저항할 수 없음은 물론이고, 심지어 때리는 부모를 고맙게 생각하라는 부당한 조언까지 참고 들어야 한다. 소위 '아이를 위해서'라는 그런 조치의 리스트는 거짓말하고, 숨기고, 겁주고, 외면하고, 방에 가두고, 경멸하고, 조롱하고, 욕하고, 폭력을 휘두르는 것까지, 정말 끝도 없이 이어진다. 그리고 이 모두가 아이의 영혼에 치유될 수 없는 깊은 상처를 남긴다.

"휴가에서 돌아오는 길이었죠. 차에서 내려 계단을 뛰어 올라갔어요. 그리고 다시 집에 왔다는 생각에 너무 신이 나서 마구 초인종을 눌렀어요. 안에 아무도 없다는 걸 잘 알고 있었지만 너무 들떠 있었거든요. 새 아빠가 계단을 따라 올라와서는 무섭게 화를 냈어요. 다른 집에 다 들릴 텐데 괜히 시끄럽게 초인종을 누른다고요. 그러고는 저한테 제가 맞을 회초리를 직접 구해 오라고 시키셨어요. 얼마나 고민했는지 몰라요. 얇고 긴 게 좋을까? 두껍고 넓적한 게 좋을까? 맞을 것이란 걸 잘 알면서 내가 맞을 회초리를 찾는 심정은 매를 맞는 것 자체보다 훨씬 고통스러웠어요. 매를 맞았을 때 당연히 아팠고 그래서 울었지만, 사실 마음의 상처가 그 통증보다 더 컸거든요. 너무너무 마음이 아팠어요." 이제 서른 살이 된 게르힐트의 고백이다.

"그래서 그다음부터는 기쁜 일이 생겨도 마음 놓고 기뻐하지를 못했어요. 기뻐 날뛰다가 벌을 받을지도 모른다는 두려움이 늘 있었거든요. 지금도 기쁜 일이 생기면 아주 조심해요. 나도 모르게 기쁜 일 다음엔 바로 매질이 이어질 것 같은 생각이 들거든요."

게르힐트는 훗날 어머니에게 왜 그때 아버지를 말리지 않았느냐고 물었다. 어머니는 자신도 아주 권위적인 교육을 받고 자랐고 따라서 아이는 엄하게 키워야 한다는 신조가 뿌리깊이 박혀 있었기 때문이었다고 자신의 행동을 변명했다.

그러면서 어머니는 게르힐트에게 자신의 어린 시절 이야기를 들려주었다. 어머니는 오줌을 가릴 나이가 되었지만 자주 바지에다 오줌을 쌌다고 했다. 오줌에 젖은 바지를 벗으면 할아버지는 그 바지를 어머니의 얼굴에다 집어 던졌다고 한다. 그럼 어머니는 그 젖은 바지를 머리에 얹고 구석에 가서 벌을 섰다. 환갑이 넘은 어머니는 지금도 그때 일을 생생히 기억하고 있고 자주 꿈도 꾼다고 했다.

"왜 저를 그렇게 엄하게 키우셨는지에 대해 변명을 하기 위해 당신의 이야기를 들려주신 것 같습니다. 어머니는 동물에게만 따뜻하셨지요. 친구도 없고, 달리 취미도 없어요. 어린 시절부터 동물이 유일한 행복이었습니다. 하지만 할아버지가 집에서 애완동물을 못 키우게 하셨기 때문에 독립하자마자 개를 키우기 시작하셨지요. 지금 어머니 집은 개와 고양이들의 천국입니다." 게르힐트가 말했다.

몇 가지 연구 결과로 볼 때 부모의 냉담한 반응, 신체적 학대, 지속되는 가족 내 긴장은 아이들을 가장 많이 괴롭히는 세 가지 요인이다. 감정적 상처는 성추행보다 정의하기가 훨씬 힘들다. 그 악순환의 고리를 끊을 수 있는 유일한 방법은 자신이 어린 시절 입었던 상처와, 훗날 자기 자식들에게 알게 모르게 가하는 폭력 사이에 상관관계가 있음을 파악하는 것이다. 또한 자식이 부모의 사랑을 잃을지 모른다고 겁낼 필요 없이 분노 같은 부정적 감정을 마음껏 표출할 수 있는 분위기가 얼마나 중요한지를 부모가 이해해야 한다. 사랑받고 싶은 욕망은 우리 인생의 가장 강력한 추동력이기 때문이다.

사랑을 요구하는 테러리스트

"아직도 날 사랑해?"

믿을 수 없는 일이 일어났다. 이제 곧 버림받을 것 같은 예감이 든다. 상대에게 우리는 이렇게 묻는다.

"아직도 날 사랑해?"

첫눈에 반한 사랑은 있지만 첫눈에 죽는 사랑은 없다. 사랑은 낡은 담처럼 서서히 무너진다. 버림받은 쪽은 마지막 희망에 매달리고, 마음이 떠난 쪽은 죄책감에 괴롭다. 물론 죄책감의 강도는 정신적 외도인지, 이미 육체적 관계까지 갔는지에 따라 달라지겠지만 말이다. 결정하기가 힘들면 그냥 아무 결정도 내리지 않는다. 예전처럼 만나고, 예전처럼 잠을 자고, 예전처럼 휴가 계획을 짠다. 상대가 알아서 결단을 내려 주기 바라는 마음으로……

한쪽이 다른 쪽에 대한 흥미를 잃으면 그 다른 쪽은 서서히 진행되는 관계의 몰락을 도저히 중지시킬 방법이 없다. 낭만적 테러의 시기가 시작되는 것이다. 사랑하는 사람은 무슨 수를 써서라도 상대를 붙잡기 위해 절망적으로 몸부림 친다. 울어도 보고 화를 내 보기도 하고, 화려한 치장이나 선물 공세로 상대의 마음을 움직이려 노력하기도 하고, 일부러 차갑게 대하거나 바람을 피우는 척하여 상대의 질투심을 자극해 보기도 한다.

보통의 테러는 낭만적 테러에 비해 확실히 나은 점이 있다. 제아무리 황당한 테러리스트들의 요구도 사랑해 달라는 요구보다 비현실적일 수는 없을 것이기 때문이다. 그래서 보통의 테러리스트들은 비행기를 납치하고 건물을 점거하여 정부에게서 원하는 요구 조건을 받아 낼 수도 있다. 하지만 낭만적 테러리스트들은 절망의 운명을 타고났다. 불편한 현실을 연기시킬 수는 있지만 멈출 수는 없다. 사랑의 죽음이라는 그 외면하고픈 현실을 말이다. 버리는 쪽이 제의하는 잠깐의 별거는 결국 가망 없는 희망에 매달리는 상대에 대한 연민과 동정일 뿐이다. 다음 수순인 뺨에 닿은 마지막 입술과 친구로 남자는 제안은 더 이상 자신은 물론 친구들에게도 숨길 수 없는 고통스러운 관계의 종말이다. 그러고 나면 오랫동안 길들여진 '우리'는 새롭게 정의해야 할 '나'로의 귀환을 시작한다.

마음에서 격렬한 저항이 시작된다. 지금껏 세상을 바라보던 방법이 갑자기 삐걱거린다. 내 뜻대로 할 수 있는 것이 하나도 없다는 속수무책의 심정이 되고, 어떤 낯선 것이 우리 안으로 밀고 들어온다. 그 순간 그동안 입고 있었던, 절대 구멍 나지 않을 것 같던 안전 망토는 찢겨 나간다. 불패의 신화가 깨진다. 깊은 상처는 우리의 자아상과 세계상을 완전히 깨뜨리는 경험이다. 특히 지금까지 살아오면서 어떤 문제든 다 해결했다고 생각한 사람이라면 인격의 뿌리를 뒤흔드는 그런 사건이 자신에게도 일어날 수 있다는 사실을 인정하기가 좀처럼 쉽지 않을 것이다. 주체할 수 없는 분노나 두려움이 번갈아 가며 나타난다.

시간이 가면서 자신은 물론이고 상황을 스스로 통제할 수 없다는 것을, 과거에 성공했던 모든 위기 전략이 갑자기 아무 소용이 없어졌다는 사실을 서서히 깨닫는다. 문득 불면증에 시달리고, 일이 하기 싫어지고 사소한 일에도 겁이 나서 견딜 수가 없는 서른세 살의 회사원 한스는 누구에게 호소해야 할까? 겉으로는 아무 문제도 없는 가족이건만 관심과 애정에 항상 목이 마르고, 결국 마약과 자해로 결핍을 해소하는 열여섯 살의 마리아는 누구에게 고민을 털어놓아야 할까? 지적이고 교양이 풍부하며 남들이 보기엔 잘나가는 교수이지만 갑자기 남자친구에게 버림받은 후 절망감에 자살을 생각하기 시작한 안케는 어떻게 해야 하나? 이들은 모두 산 채로 피부가 벗겨지는 것만큼 고통스럽고 괴롭다.

그들은 모두 심한 우울증에 빠져 있다. 혼자 남을지 모른다는 두려움과 남들에게 그런 고민을 털어놓고 싶은 마음은 사람들 틈바구니에 있는 걸 참지 못할 것 같은 심정과 충돌을 일으킨다. 많은 사람들이 악몽에 시달리고, 많은 사람들이 밤잠을 설친다. 숙면을 이루지 못한 멍한 머리로 우리는 흐느적거리며 일상을 헤매 다닌다. 머리는 텅 비고 친숙했던 환경은 왠지 낯설다. 슈퍼마켓에서도 극장에서도 불현듯 미칠 것 같은 두려움이 덮친다. 지금까지 신체적 질병 때문에 겪었던 온갖 증상들이 몸이 안 아픈데도 나타난다. 식은땀이 흐르고 심장이 방망이질 친다. 자신도 의심스럽고 세상도 믿을 수가 없다. 우리는 깊은 상처를 느낄 때 영혼이 도움을 청한다는 것을 느낀다.

충격적인 경험을 한 인간은 저항, 우울, 새 출발이라는 단계를 거친다.

물론 그러한 상황에 처한 당사자는 그 사실을 인정하지 않을 것이다. 그저 고통이 끝나기만을 바랄 뿐이다. 그것도 당장 말이다. 하지만 심한 사고를 당한 몸이 회복의 시간을 필요로 하듯 영혼에게도 상처를 소화하고 치유할 시간을 주어야 한다. 다리가 부러지면 누구라도 당장 스키를 타러 가자고 권하지 않을 것이다. 하지만 마음이 터질듯 아픈 사람에게는 왜 당장 예전처럼 일상생활로 돌아가지 못하는지 이해할 수 없다는 말을 쉽게 내뱉는다.

저항을 이기고 난 뒤에야 고백할 수 있다. 우리 역시 다른 사람들과 마찬가지로 상처를 입을 수 있고, 그 상처로 인해 많은 변화를 겪었다고 말이다. 그러고 나면 우리는 자신에게 고통을 허락하고, 결국 저항도 고통도 다 이겨 내고 나면 마침내 우리는 새롭게 다시 시작할 수 있다.

"발 딛고 선 강가를 떠날 용기가 없으면 건너편 강가로 출발할 수 없다."

—앙드레 지드

자살, 영혼의 절망

유감스럽게도 위기를 겪은 모든 사람이 이런 새 출발에 성공하지는 못한다. 충격에서 헤어나지 못해 남은 삶을 고통 덩어리로 만들어 버리는 사람도 있다. 물론 위기를 겪는 동안 심한 고통을 당했다는 건 누구나 이해할 수 있다. 하지만 그렇다고 해서 두 손 두 발 다 놓고 맥없이 세월만 보내야 하는가? 제 손으로 목숨을 끊는다? 상처가 얼마나 깊으면 그런 부정적이고 원시적인 충동에 빠지게 되는지, 그것을 재는 객관적 척도는 없다. 제삼자의 입장에선 정말 별것 아닌 사소한 일에도 당사자는 절망하고 괴로워하니까 말이다.

영혼의 상처라는 빙산은 얼마나 클까? 물 위로 드러난 얼음 덩어리 밑으로 얼마나 큰 빙산이 숨어 있는 걸까?

유럽 전체에서 교통사고와 범죄, 에이즈로 사망하는 사람들을 합친 것보다 더 많은 수의 사람들이 같은 이유로 목숨을 잃고 있다. 그 이유란 무엇일까? 답은 간단하고도 비극적이다.

해마다 5만 8천 명의 유럽인이 자살을 감행한다. 달려오는 기차에 몸을 던지고 총으로 자신의 머리통을 쏘고 목을 매달고 독을 마시며 혈관을 자르고 다리에서 뛰어내린다. 내가 이 숫자를 들려주면 대부분의 사람들은 깜짝 놀라지만, 놀란 가슴이 어느 정도 진정되면 적지 않은 이들이 이렇게 말한다.

"그래, 지금 생각해 보니 내 주변에서도 사고로 죽은 사람들보다 자살로 죽은 사람이 더 많아."

상황은 악화 일로를 걷고 있다. 자살을 시도한 사람들의 숫자는 자살로 목숨을 잃은 사람의 열 배에 이른다. 그러니까 해마다 유럽에서 백만 명이 넘는 사람들이 자살을 시도한다는 말이다.

청소년의 경우 자살 시도가 성공하는 경우가 많지 않다. 그들의 자살 시도는 대부분이 도움을 청하는 외침인 것이다. 청소년들은 전학을 가서 친구가 없어도, 왕따를 당해도, 살이 안 빠져도 하늘이 무너졌다고 생각한다.

아주 많은 자살자들에겐 끔찍한 공통점이 하나 있다. 자신의 고민을 털어놓을 수 있는 사람이 한 명도 없었다는 점이다. 많은 사람들, 특히 노인들의 경우 인간관계가 완전히 단절된 채 혼자서 살고 있다. 젊은 자살자들의 경우 겉으로 보기에는 사람들 틈에 둘러싸여 있지만 마음 깊은 곳에선 완전히 혼자라는 느낌, 누군가 자신의 외침을 들어주기에는 자신이 너무나 별 볼일 없는 인간, 전혀 중요하지 않은 인간이라는 느낌에 사로잡혀 있다. 집단의 일원이 되지 못한다는 건 젊은 이들에게 일어날 수 있는 최악의 불행이다. 그리고 말도 안 된다고 생각하겠지만 실제로 우리 주변엔 친구가 한 명도 없는 사람이 정말로 아주 많다.

물론 예나 지금이나 자살밖에 길이 없다는 결론을 내리는 사람들은 극히 소수에 불과하다. 또 통계적으로 보아 자살자의 숫자가 약간 줄어들고 있기도 하다. 하지만 그 대신 영혼의 고통이 눈에 보이지 않는 전염병처럼 번져 나가고 있다. 유럽인의 4분의 1이 평생 최소 한 번은 심각한 정신 질환을 앓는다고 한다. 18세에서 65세까지의 유럽인 중 연간 1,840만 명이 심각한 우울증을 앓는다. 정신 질환은 가장 급속도로 증가하고 있는 질병이다. 그러므로 인정하고 싶지는 않겠지만 누구에게나 닥칠 수 있는 불행이다.

상처에 맞서 우리가 할 수 있는 일

상처 없는 인생은 있을 수 없다. 영화나 소설을 보더라도 주인공은 꼭 상처를 입고, 나아가 그 상처가 주인공을 독려하는 결정적인 힘이 된다. 가장 대표적인 예가 해리포터이다. 그의 이마엔 최대의 적 볼드모트가 만들어 놓은 상처가 있다.

"이 흉터는 영원히 남으리라."

덤블도어 교수는 소설이 시작되자마자 이런 말로 번개 모양의 상처가 가진 심오한 의미를 독자들에게 강조한다. 우리는 주인공이 상처를 극복하고 도전에 맞서 자기 안에 숨은 능력을 계발하는 이야기를 좋아한다. 따라서 영화엔 죄다 그런 주인공들만 등장한다. 하지만 유감스럽게도 우리가 사는 현실에선 그렇지가 못하다.

수천 년 동안 모닥불을 피워 놓고 할아버지가 들려주시던 영웅의 이야기를 듣는 것은 TV가 발명되기 이전 시대의 밤 소일거리였지만 그보다 깊은 의미가 있었다. 그런 영웅담이 자라나는 청소년들에게 삶의 위기와 상처에 대처하는 방법을 가르쳤던 것이다. 따라서 그런 영웅담들엔 불행과 자연재앙, 질투와 사랑, 배반과 투쟁, 승리와 패배, 도주와 귀환, 복수와 용서 등의 내용이 담겨 있다. 전 세계의 주요 종교와 영적 가르침들 역시 나름의 지혜를 각자의 경전에 담아서 사제와 대가들에게 전달했다.

19세기 이후엔 학문도 인간의 영혼에 집중적인 관심을 기울였다. 하지만 오랜 세월 결핍과 두려움을 분석하는 것이 이들 학문의 주 내용이었다면 최근 들어 인간을 보다 행복하고 적극적으로 살도록 도와주는 보호 요인에 관심이 쏠리고 있다. 다름 아닌 긍정심리학으로, 미국 펜실베이니아 대학의 심리학과 교수인 마틴 셀리그만이 창설하였다.

나는 이 책에서 여러분에게 이런 지식의 보고들을 이용하는 방법을 알려 주고 싶다. 물론 그런 큰 주제를 다루기엔 좁은 지면이지만, 바로 그 때문에 더더욱 자료 선별에 정성을 다하려 노력했다.

나의 경우 가장 설득력이 있다고 생각되는 내용으로 세 가지를 꼽고 싶다.

- 세계 종교와 인류의 위대한 진리론에서 다뤄진 내용
- 장기적인 학술 연구를 통해 타당성이 입증된 내용
- 내가 인터뷰한 많은 학자들의 주장과도 일치하는 내용

예를 들자면 이런 것이다. '감사'의 가치는 베네딕트회 수사 다비드 슈타인들 라스트의 가르침에서 중심 자리를 차지한다. 감사라니, 일상생활에 적용할 수 없는 고리타분한 종교 사상의 냄새가 난다고 생각하는 사람들도 많을 것이다. 하지만 마틴 셀리그만 역시 감사의 가치를 행복한 인생의 중심 기능이라고 보았다는 사실을 안다면 아마 생각이 달라질 것이다. 긍정심리학의 연구 결과는 감사와 같은 소위 전통적 덕목들이 행복과 성공에 결정적으로 중요하다는 사실을 입증

한다.

실질적인 대답을 찾기 위해 나는 몇몇 선도적인 학자와 세계적인 영적 지도자에게 도움을 청하였다. 이 비범한 인물들 중 두 사람은 짧게나마 첫머리에서부터 소개하고자 한다. 내가 만난 가장 지혜로운 지도자 중 한 사람인 베네딕트회 수사 다비드 슈타인들 라스트와 몰입의 경험을 발견한 미하이 칙센트미하이가 바로 그들이다. 이들의 이야기는 3부에서 좀 더 상세하게 설명할 것이다.

평생 어떻게 하면 사람들이 고통과 불행을 극복하고 행복한 삶을 살아가도록 도와줄 것인지를 고민한 칙센트미하이부터 시작해 보자. 그는 자신의 의문을 해결하기 위해 상처를 딛고 일어나 위대한 재능을 꽃피운 사람들의 인생사를 많이 연구하였다. 칙센트미하이는 나를 만난 자리에서 다음과 같은 사례를 들려주었다.

영어라고는 한마디도 못하는 어린 소년이 부모님을 따라 미국으로 이민을 왔다. 아버지는 2년 동안 돈을 모아 아들에게 자전거를 사 주었다. 그런데 그 자전거를 타고 처음 밖으로 나간 아이는 자동차와 부딪히는 사고를 당한다. 자전거는 심하게 망가졌고 아이도 상당한 부상을 당했다. 자동차를 몰던 여자는 의사였는데, 아무에게도 사고에 대해 말하지 않으면 병원에 데려가 그를 치료해 주고 새 자전거도 사 주겠노라고 약속했다. 또 아이의 부모에게도 전화를 걸어 영어 한마디 못하는 그들에게 동의를 받아 냈다. 병원에서 열흘을 보내고 제법 몸이 회복되어 아이가 집으로 돌아가려 하자 병원 측은 아이에게 입원비를 요구했다. 아이는 의사를 찾아가 무료로 치료해 주겠다던 약속을 상기시켰지만, 갑자기 그녀는 아무것도 기억해 내지 못한다. 새 자전거를 사 주지 않았던 건 두말할 필요가 없을 것이다. 아이의 부모는 망가진 자전거를 고치기 위해 다시 1년을 더 허리띠를 졸라매야 했다.

이런 부당한 일을 당한 어린 소년은 어떤 생각을 했을까?

"이 나라의 법과 언어를 모르면 앞으로 많은 불이익을 당할 거야."

그는 이렇게 사건의 책임을 자신에게 돌리고 앞으로 법을 배워 변호사가 되겠다고 결심한다. 불우한 환경을 딛고 성공한 사람들의 전형적인 인생 역정이라 하겠다. 성공한 사람들은 모든 불행을 '그래, 일어난 일은 일어난 일이야. 이제 어떤 교훈을 얻을 수 있을까?'라는 신조에 따라 해결할 수 있는 문제로 받아들인다. 반대로 실패한 사람들은 불행한 사건을 주변 사람들의 나쁜 성격 탓으로 돌리거나 운명의 배신으로 해석한다. 그럼 자신은 주체적으로 행동하는 개인이 아니라 무기력한 제물, 희생자가 된다. 위의 사건을 겪은 어린 소년이 망가진 자전거를 보며 이렇게 말하기가 얼마나 쉬웠겠는가. '부자들은 저래. 내가 가난하니까 무시하는 거야.' 혹은 '여자들은 다 그래.' '자전거는 위험하니까 이제부터 자전거를 안 탈 거야.' '의사들은 다 거짓말쟁이야…….' 하지만 그는 미국 법을 잘 모르는 이민자들의 무지 탓에 그런 문제가 일어났다는 결론을 내렸다. 그리고 훗날 트루먼 내각에서 소수민족과 이민자의 권익을 담당하는 책임자가 되었다.

미하이 칙센트미하이와 다른 학자들은 가난과 불행, 행복하지 못한 유년기를 극복할 수 없어서 결국 실패하고 만 수많은 사람들을 목격했다. 그들은 훗날 어른이 되어 과거를 되돌아보며 이렇게 말한다. '우리 아버지는 알코올 중독이었어. 그래서 우리 집은 가난했고 난 공부를 못했지.' 자신의 실패가 다른 사람이나 상황의 탓이라는 의미이다. 하지만 위의 이야기에 나오는 어린 소년은 자신이 겪은 부당한 일을 자기 자신과 분리시킬 줄 알았고, 그로부터 올바른 결론을 끌어내어 훗날 다른 사람들은 똑같은 일을 겪지 않도록 해 주겠다는 결심을 했다. 이것이야말로 상처를 성공의 발판으로 삼을 수 있었던 수많은 사람들의 이력을 관통하는 모델인 것이다.

"묵은 상처를 어떻게 해야 합니까?"

다비드 슈타인들 라스트에게 이런 질문을 던졌더니 그는 다음과 같은 대답을 주었다.

"사실 묵은 상처는 건드리지 않아야 합니다. 상처와 자신을 동일시하지 않을수록 더 좋습니다. 현재의 순간을 산다면 자신을 과거와 동일시하지 않을 것이고, 그것이 가장 중요합니다. 과거에 일어난 일 때문에 심한 고통을 겪는 사람들을 보면 무슨 일이 있어도 그 고통을 포기하지 않으려 합니다. 즉, 그 고통에 완전히 사로잡혀 있고, 그 고통이 그들의 정체성이지요. 지금껏 그렇다고 믿어 왔는데 갑자기 자신이 부모님의 제물이 아니라면, 그럼 무엇이란 말입니까? 정신분석 같은 면

길로 굳이 돌아가겠다면 나로서도 반대할 이유는 없습니다. 하지만 그보다 더 가까운 길이 있습니다. 바로 현재의 순간을 사는 것이지요. 그렇게 살면 과거의 에고에서 빠져나와 진정한 자신의 자아로 다가갈 것입니다."

나는 고민한다. 수도사나 달라이 라마라면 평생도록 명상을 하면서 지금 이 순간을 살 수 있을 것이다. 하지만 우리 같은 평범한 인간들이 어떻게 그럴 수 있겠는가? 조그만 상처에도 그 순간의 고통이 너무 커 고통으로부터 도망갈 수가 없는데, 도망갈 수 없다고 믿는데 말이다.

"예를 들어 만성 류머티즘에 걸렸다고 칩시다. '날이 갈수록 더 심해져. 아무리 봐도 회복이 불가능해.' 이렇게 생각한다면 벌써 진 겁니다. 이 순간은 불쾌하지만 참을 만하다는 것을, 참을 만하지 않았다면 벌써 이 세상 사람이 아니었다는 것을 깨닫는 게 필요하겠지요. 그 사실을 깨닫고 나면 아마 고통을 견디는 게 훨씬 수월해질 겁니다."

다비드가 '마음의 학교'에서 아이들에게 가르치는 3가지 교훈으로 이 장을 마무리하자.

두려움이 없는 마음: 겁이 나면 내가 우주에서 떨어져 나온 것 같은 느낌이 들기 때문에 어린아이는 마음의 폭이 좁아진다. 두려움은 마음의 문을 닫고 사고의 폭을 좁힌다. 두려움이 없으면 마음이 열리고 사고가 확대된다.

감사하는 마음: 과거나 미래에 대해 감사할 수는 없는 법이다. 이 순간에만 우리는 우리의 진정한 자아이다. 감사하는 마음은 기쁨의 문을 여는 열쇠이다. 우리는 이 열쇠를 손에 쥐고 있다. 매일 우리에겐 기뻐할 수 있는 수많은 기회가 주어진다. 기쁨을 느끼는 건 이 기회를 인식하느냐 아니냐에 달려 있을 뿐이다. 대부분은 인식하지 못한다. 운이 나쁜 날엔 그날 겪은 어려움만 보기 때문에 좋은 일은 보지 못하며, 좋은 날엔 그날의 모든 행운이 당연한 것이라고 생각한다. 감사할 줄 모르는 인간은 가엾은 피조물이다. 우리는 우리 아이들에게 어릴 때부터 감사할 일이 수없이 많다는 것을 가르칠 수 있다. 감사의 인사로 표현한 기쁨은 다시 그 원천, 즉 우리 자신에게로 흘러 들어간다.

공감: 우리 아이들이 상처로 인해 괴로워한다면 애써 위로의 말을 찾지 말고 그냥 아이의 말을 들어주고 공감해 주라. 아이들을 안아 주거나 손을 잡고 산책을 하는 등의 단순한 행동이 더 도움이 될 때가 많다. 공감을 보여 준다는 건 온전히 상대에게 응한다는 의미이다. 그러자면 다정함도 필요하다. 공감은 힘과 상처받기 쉬운 여린 마음의 결합이다. 다시 말해 상처받기 쉬운 인간이 되겠다고 용기를 낼 만큼 내면이 강한 것이다. 자신이라는 인간과 상처의 경험을 구분하는 법을 일찍 배울수록 열린 마음으로 인생을 살아갈 수 있다. 상처받기 쉬운 심장만이 공감하는 심장이 될 수 있기 때문이다.

"사랑은 배울 수 있다. 그리고 아이들이 가장 잘 배운다. 사랑을 받지 못하고 성장한 아이들이 훗날 사랑을 모르는 인간이 되는 건 너무나 당연한 일이다."

—『삐삐 롱스타킹』의 작가 아스트리드 린드그렌

어린 시절의 상처는 우리 인생에
어떤 영향을 주는가?

"모든 감정과 그 감정들의 고통스러운 충돌의 원인을 하나의 기본 감정에서 찾아 그에 이름을 붙인다면, '두려움' 말고 다른 단어를 찾지 못할 것이다. 어린아이가 누릴 행복을 방해받은 그 모든 시간에 내가 느꼈던 감정은 두려움이었다. 두려움과 불안. 벌을 받을지 모른다는 두려움, 양심의 가책에 대한 두려움, 그러면 안 된다고, 잘못이라고 생각했지만 내 영혼이 동요할지 모른다는 두려움."

—헤르만 헤세

　엄마 배 속에서 나온 아기는 혼자서는 살아갈 능력이 없는 욕구의 집합체이다. 그래서 젖을 물려 주고 갈증을 해소해 주고 온기와 사랑을 선사하는 어머니에게 전적으로 의존해 있다. 인큐베이터의 전기 열은 생존에 필요한 엄마의 대용품에 불과할 뿐, 오히려 차가운 기계와의 접촉이 아기에게 고문이 될 수도 있다. 아기가 욕구를 표현하는 유일한 방법은 울음이다. 보호자가 이 울음소리에서 그 뒤에 숨은 두려움을, 즉 굶어죽을지 모른다는 두려움, 버림받을지 모른다는 두려움, 엄마의 사랑을 잃을지 모른다는 두려움을 읽어 내지 못한다면 아기에게 남은 유일한 생존전략은 이런 고통을 억압하는 것이고, 이는 아이의 영혼을 불구로 만든다. 아이는 느끼고 지각하는 능력을 서서히 죽이게 될 것이다.

정신분석학자인 앨리스 밀러는 『재능 있는 아이의 드라마』에서 아이에 대한 부모의 정신적, 육체적 학대를 다루며 이렇게 확신한다. 어릴 때부터 체감하는 능력을 제대로 계발하지 못하면 훗날 어른이 되어 자기 자식에게도 필요한 사랑과 보호를 제공할 수가 없다고 말이다.

"한 번도 사랑을 받아 본 경험이 없는 부모들, 세상에 태어나 냉혹함과 무감각, 무관심, 무지에 부딪혔고, 유년기와 청소년기를 내내 그런 분위기에서 보냈던 부모들은 자식들에게 사랑을 선물할 줄 모른다. 사랑이 무엇인지 모르는데 어떻게 사랑을 줄 수 있겠는가? 그럼에도 그 아이들은 살아남을 것이다. 부모가 그랬듯 그들 역시 자신이 한때 얼마나 큰 고통을 받았는지 기억하지 못할 것이다. 그 모든 고통도, 그 고통을 유발한 욕망도 억압해 버렸기 때문에, 다시 말해 의식에서 완전히 추방해 버렸기 때문이다."

아이에게 얼마나 많은 상처를 주었는지 부모가 느낄 수 있으려면

자신이 과거 어린 시절 얼마나 많은 상처를 받았는지부터 깨달아야
한다. 자신의 이런 비극적인 과거에서 현재의 무심한 자신이 탄생했기
때문이다. 냉담해진 영혼은 세대를 이어 답습된다. 가족의 연대기를
다룬 위대한 문학 작품들에서 같은 스토리가 반복되는 이유도 바로
그 때문일 것이다. 물론 그 스토리를 프랑스 작가 마르셀 프루스트의
기념비적 작품 『잃어버린 시간을 찾아서』처럼 뛰어난 감성으로 표현한
경우는 드물지만 말이다.

잠을 자러 갈 때면 유일한 위안은 내가 잠자리에 누워 있으면 어머니가 올
라와 키스를 해 줄 것이라는 기대였다. 하지만 잘 자라는 인사는 너무 빨
리 끝나 버려서 어머니는 금방 다시 방을 나가셨고, 어머니가 올라오시는
소리, 그러고 나면 쌍미닫이문의 복도에서 작은 짚 술이 달린 파란 모슬린
옷이 나지막하게 바스락대던 소리가 들리던 순간은 내겐 고통의 순간이었
다. 그 순간은 이미 어머니가 나를 버려 두고 다시 아래층으로 내려가실 순
간을 예고했던 것이다. 고통이 어찌나 컸던지 너무나 갈망하면서도 어머니
의 잘 자라는 인사가 최대한 늦어지기를 바랐을 정도였다. 어머니가 아직
오지 않은 그 은총의 기간을 길게 연장시키고 싶었던 것이다. 가끔 어머니
가 굿나잇 키스를 하고 문을 열고 나가시려고 할 때면 어머니를 다시 불러
서 키스를 한 번 더 해 달라고 말하고 싶었지만 그럼 어머니는 그 자리에서
엄한 표정을 지으시리란 것을 알았다. 어머니가 올라와 그 평화의 키스로
내게 잘 자라고 말하면서 나의 슬픔과 흥분을 허용할 때마다, 그것을 망친

사람은 굿나잇 의식이 과하다고 생각한 아버지였다.

마르셀 프루스트의 이 소설이 나온 지 75년이 지난 지금 서른다섯 살의 초등학교 교사인 한나 역시 비슷한 경험담을 내게 털어놓았다. 언어는 달라도 사랑과 보호를 향한 깊은 갈망은 시대를 초월하는 법이다.

"두 살 때 아버지가 사고로 돌아가셨지요. 새아버지는 아빠 노릇을 잘해 주지 못했어요. 지금까지 잊지 못하는 기억이 있어요. 한번은 엄마 옆에서 자고 싶어서 엄마의 침실로 간 적이 있었어요. 엄마는 벌써 잠이 들었고 새아버지는 책을 읽고 있었는데 귀찮으셨던지 다시 제 방으로 가라고 하시더군요. 얼마나 속이 상했는지 몰라요. 엄마가 깨어 있었다면 절 이불 속으로 들어오게 해 주었을 텐데 새아버지는 무조건 절 쫓아 버릴 생각밖에는 없었으니까요. 전 새아버지 몰래 침대 밑으로 기어들어 침대 반대편의 엄마 자리로 숨어 들어갔어요. 물론 새아버지를 탓할 생각은 없어요. 절 이해하지 못했기 때문에 그런 반응을 보이신 거겠지요."

상대를 이해하는 것은 어려운 일이다. 우리는 매순간 많은 인내력과 이해를 바라는 경험을 하게 된다. 아이를 키우는 일은 다른 어떤 행위보다 힘든 도전이다. 자식과의 관계는 한 사람의 인생에서 유일하게 끊을 수 없는 관계이기 때문이다. 많은 실수를 저지를 수도 있겠지만 그럼에도 육아는 배우기 힘든 학문이 아니다. 아이를 키우는 데는 몇 가지 재능, 곧 시간과 사랑, 다정함만 있으면 된다.

어머니가 요람에 누운 아기에게 딸랑이를 건넨다. 아기는 엄마의 선물을 알아차리고 미소로 답한다. 아기가 보낸 감사의 표시에 무척 행복해진 어머니는 아기를 번쩍 들어 뽀뽀를 한다. 이것이 기쁨의 나선 운동이다. 뽀뽀는 장난감보다 더 큰 선물이 아닐까? 그것으로 표현된 기쁨은 나선 운동을 처음으로 가동시킨 그 기쁨보다 더 크지 않을까? 하지만 나선의 상승 운동은 기쁨이 더 커졌다는 의미만이 아니다. 주는 사람과 받는 사람의 경계가 허물어졌다는 뜻이기도 하다. 나선 운동을 끝내는 감사의 키스에서 아직도 주는 사람과 받는 사람이 구분되는가? 이것이야말로 바람직한 방향으로의 비약과 상승이 아닐 수 없다.

잔혹한 범죄의 원천

유감스럽게도 비약과 상승은 바람직하지 않은 방향으로도 진행된다. 통계적으로 볼 때 감옥에 갇힌 수인의 상당수가 유년기에 학대를 당했다고 한다. 이런 연구 결과는 범인들이 피해자들에게 잔혹한 행동을 저지르면서도 아무런 감정을 느낄 수 없는 이유까지 설명한다. 끔찍한 공포, 무기력한 분노, 고통에 완전히 홀로 방치된 아이가 무엇을 할 수 있겠는가? 우는 건 고사하고 비명 한번 지르지 못한다. 유일하게 남은 건 감정을 억압함으로써 그 감정에서 벗어나는 길이다. 하지만 그런 감정의 억압은 그 순간에는 도움이 될지 몰라도 반드시 훗날 대가를 치러야 한다. 분노는 사라지지 않고 남아 있다가 다른 약자에게 분출되기 때문이다. 한때의 피해자는 어린 시절 자신이 처해 있던 고통스러운 상황을 재연한다. 하지만 이번에는 역할이 바뀌었다. 이제 그들은 가해자의 입장이고, 피해자를 통해 다시 한 번 무기력과 고통을 체험하면서 어두웠던 과거를 소화한다.

물론 이런 범죄자들의 유년기를 분석하는 것이 그들에 대한 동정심을 유발하자는 게 목적은 아니다. 아무 죄 없는 어린아이들을 훗날 잔인하기 짝이 없는 범죄자로 만드는 법칙성이 있다는 것을 보여 주고자 함이다. FBI 전문가로 오랜 기간 활동했던 존 더글라스는 실제로 모든 미국의 연쇄살인범들이 학대와 성폭행, 마약이나 알코올 중독으로 얼룩진 문제 많은 사회 환경이나 가족 환경에서 성장했다는 조사 결과를 발표한 바 있다. 어두운 지하실은 악의 상징일뿐더러, 인류에 대한 크고 작은 범죄의 현장이 되기도 한다.

제2차 세계대전이 끝나고 빈의 하수도망이 오손 웰스의 영화 〈제3의 사나이〉를 통해 미국인들이 두 번째로 좋아하는 빈 관광명소로 급부상했다면, 요즘엔 오스트리아의 지하실이 뜻하지 않게 세계인의 주목을 받고 있다. 편지 폭탄 범죄를 저질렀던 프란츠 푹스(1990년대 중반 편지 폭탄으로 수십 명의 사상자를 내며 오스트리아를 공포에 떨게 했던 일명 '바이에른 해방군 사건'의 범인—옮긴이)는 말년의 대부분을 부모님이 살던 집의 별채에서 보냈다. 그곳에서 그는 기술적으로 완벽한 죽음의 덫을 완성하였고 그것을 소위 '바이에른 해방군'이라는 가명으로 발송했다. 나타샤 캄퓨시와 엘리자베트 프리츨 사건 및 그들을 감금했던 범인 볼프강 프리클로필과 요제프 프리츨은 국민의 대다수가 인격 장애를 앓는 정신병자라는 오스트리아의 오명을 다시 한 번 굳히는 계기가 되었다. 요제프 프리츨(친딸인 엘리자베트 프리츨을 19세 되던 해에 자기 집 지하 창고에 가두고 24년 동안 감금, 성폭행하여 7명의 자식을 낳게 한 비정의 아버지— 옮긴이)은 친딸을 몇 년 동안 가두어 놓고 강간하여 아이를 낳게 하더니 감옥에 들어가서도 자기 집을 관광 명소로 팔아먹을 생각을 했다고 하니 실로 인간의 망상은 끝을 모르는 것 같다. 그렇게 보면 지그문트 프로이트가 오스트리아에서 성장한 것도 이상한 일은 아니라는 사람들의 주장도 일리가 없지는 않다

하지만 일명 '로텐부르크의 식인종 사건'에서도 알 수 있듯 독일이라고 해서 예외는 아니다. 아르미니 마이베스(2001년 마이베스는 인터넷에 사람을 죽여 잡아먹고 싶다며 지원자를 구하는 광고를 냈고, 자원한 수많은 사람들 중에서 위르겐이라는 남자를 선택한다. 그는 위르겐을 살해하여 그 인육을 먹는 장면을 녹화하였으며 2002년 9월 체포되었다—옮긴이)는 15분짜리 녹화 비디오로 범행 장면을 기록했다. 그의 범죄가 얼마나 잔혹했는지 수사관 몇 사람이 심리 치료를 받아야 할 정도였다. 법정에서 그는 피해자의 시신을 먹을 동안 기분이 어땠느냐는 질문에 이렇게 대답했다.

"일생 동안 페라리를 타고 싶었는데 그 기회를 잡게 된 사람과 비슷할 겁니다."

범행 자체도 충격적이지만, 사람 고기를 먹고 싶으니 지원하라는 아르미니 마이베스의 광고에 무려 80명이나 되는 사람들이 지원했다는 사실도 충격적이지 않을 수 없다.

이런 사건들을 정확하게 분석하는 일이야 다른 전문가들에게 일임하는 것이 당연히 옳을 것이다. 하지만 여기서 잠깐 우리의 지하실을 들여다보고 싶은 유혹을 뿌리칠 수는 없을 것 같다.

정신병원에 감금된 파울로 코엘료와 헤르만 헤세

신학기가 되자 초등학교 교사 베아테의 반에 고아원 출신 아이 4명이 배정되었다. 하지만 베아테는 아이들에 대해 아는 게 하나도 없었다. 일주일이 지나자 마리아라는 이름의 아이가 눈에 띄는 행동을 하기 시작했다. 이유 없이 소리를 지르고 여기저기 못을 집어 던졌다. 아무리 타이르고 달래도 소용이 없었다.

"마리아는 저와 사이가 좋았어요. 하지만 마리아는 절 혼자 독점하고 싶어 했죠. 나중에야 마리아의 사연을 전해 들었어요. 부모가 아이를 지하실에 가두어 놓고 때렸기 때문에 경찰이 아이를 부모와 격리시켰다고 말이죠. 그래서인지 마리아는 자신에게 호감을 보이는 것 같은 사람이 있으면 어느 정도까지 자신의 나쁜 행동을 참을 수 있는지, 그 한계를 시험하는 것 같았어요. 사연을 알게 된 후 저는 아이를 다른 반으로 보내지 않으려고 최선을 다했어요. 하지만 저 혼자 힘으로는 도저히 역부족이어서 학교 측에 추가 교사를 배정해 달라고 요청했지만 거절당했고, 그 직후 입양이 확정되면서 4명의 아이가 모조리 전학을 가 버렸지요."

유감스럽게도 그녀의 이야기는 특이한 예외가 아니다. 이 책을 쓰기 위해 여러 사람들과 대화를 나누면서 놀랍게도 아직도 적지 않은 부모들이 아이를 벌하기 위해 지하실에 가둔다는 사실을 알게 되었다. 자신감이 넘치던 어느 성공한 기업가도 내게 어린 시절 지하실에 갇혔던 이야기를 들려주면서 얼굴에서 공포의 표정을 지우지 못했다.

아이가 말을 안 듣고 반항을 한다고 정신병원에 감금하는 것도 '훌륭한 전통'이다. 파울로 코엘료처럼 한때 도저히 구제불능이던 아이가 훗날 자라서 세계적으로 유명한 작가가 된 경우엔 그런 은밀한 사연이 일반에게 공개되기도 하지만 헤르만 헤세의 부모가 아이를 '정신지체아 및 간질환자 요양시설'로 보냈다는 사실은 의외로 아는 사람이 그리 많지 않다. 1892년, 당시 열다섯 살이던 헤르만 헤세는 자신을 정신병원에 집어넣은 아버지에게 이런 편지를 보내 꺾이지 않는 의지를 밝혔다.

"제가 태엽만 감으면 되는 기계가 아니라는 것을 보여 주기 위해 마지막 남은 힘을 다 쏟아부을 것입니다. 그들은 절 억지로 기차에 앉혔고 슈테텐으로 데려왔지요. 그래서 지금 전 이곳에 있고 결코 세상을 귀찮게 하지 않습니다. 슈테텐은 세상 밖에 있으니까요. 하지만 이 4개의 벽 안에선 제가 제 주인이기에 절대 복종하지 않으며 앞으로도 그러할 것입니다……."

끼지 못하는 괴로움

부모에게서 사랑과 관심을 받지 못한 아이들은 커서 같은 또래의 친구들에게서 그 결핍을 보충하고자 한다. 돈을 주고 살 수 있다면 전 재산이라도 팔아서 말이다. 하지만 그렇게 타인의 인정과 관심에 목이 타는 아이들일수록 친구들에게 외면당하기가 쉽다.

"애들하고 같이 놀 수만 있다면 무슨 짓이라도 할 거예요."

오스트리아 청소년 잡지의 칼럼니스트인 타챠나 슈뢰더 할레크는 이런 내용의 이메일을 수도 없이 받는다. 하지만 친구들의 요구대로 막상 지붕에서 뛰어내리고 나면 이들에게 돌아오는 건 또다시 친구들의 조롱과 비웃음이다. 청소년에게 가장 큰 상처는 '끼지 못한다'는 느낌으로, 이것은 그들의 영혼에 깊은 상처를 남긴다. 외톨이라는 생각을 하는 청소년들은 주로 그 원인을 자기 자신에게로 돌리기 때문이며, 나아가 대부분 '내가 못 생겨서, 내가 날씬하지 않아서, 내가 옷을 잘 입지 못해서'와 같은 표면적인 이유만 생각하기 때문이다. 그리고 그런 생각은 치명적인 결론으로 이어진다.

'난 쓸 만한 인간이 아냐.'

이렇듯 자기 탓을 하기 때문에, 그들이 우상으로 삼는 수많은 스타들도 오랜 세월 결점과 싸웠던 외톨이였고 지금도 그러하다는 사실을 인정하려 들지 않는다. 심지어 우수한 성적도 친구들과의 관계에 방해가 되는 경우가 많다.

"범생이가 되고 싶지 않아서 일부러 시험을 못 친다는 학생들도 많아요. 그런 이메일을 보면 충격을 받지요. 오늘날의 청소년들은 다수가 외톨이라고 생각하는 것 같아요. 사춘기가 되어 부모에게서 독립하려 애쓰지만 아직 진짜 친구는 찾지 못한 상태로, 아이들은 유년기와 성년기 사이에 놓인 무인도에서 길을 잃고 헤매고 있는 거죠."

나름의 인격이 형성되는 힘든 시기에 재능을 인정받기는커녕 자괴감만 키우는 아이들이 적지 않다. 권위적인 교사, 시니컬한 부모, 마음을 주지 않는 친구들은 아직은 어린 그들의 자존감에 아주 위험한 존재들이다. 물론 사춘기는 모든 사람들이 거치는 과정이다. 정체성이 확립되려면 자기 의혹도 필요하다. 하지만 누구에게나 닻이 필요한 법이다. 그 닻을 주변에서 찾지 못하면 위험해질 수 있다.

"그렇게 뚱뚱한데 누가 널 좋아하겠어. 청바지도 못 입잖아."

그런 말만 들으면 스트레스 때문에 더 먹어 대고 더 살이 찔 것이다.

"넌 지금 그대로가 좋아." 같은 아주 간단한 말 한마디가 그런 외로운 아이들에게 얼마나 많은 힘이 되는지 모른다. 타챠나가 고민 상담을 해 온 아이들에게 그런 말을 해 주면 아이들은 이런 답장을 보낸다.

"당신이 있어서 정말 좋아요. 훨씬 나아졌어요."

지난 4년 동안 그녀가 청소년들에게 받은 이메일은 2만 통에 이른다. 그리고 그 아이들은 그녀가 어른의 세상으로 가는 길에서 유일하게 마음을 터놓고 이야기할 수 있는 대화 파트너라고 말한다.

폭력을 구경만 하는 세상

때리는 쪽이 있고 맞는 쪽이 있다. 하지만 다수는 때리지도 맞지도 않고 관망한다. 그리고 그런 관망을 통해 피해자에게 최대의 모욕감을 안겨 준다. 자신이 신체적으로나 정신적으로 상처를 입고 있는데 다들 아무 관심 없이 바라보기만 하기 때문이다. 결코 나서서 도와주지 않을 뿐더러 비웃기까지 하는 관객이 있다. 요즘 유럽에서 유행 중인 '해피 슬래핑'은 폭행을 당하는 피해자를 휴대전화로 찍어 그 영상을 전송하는 일을 말한다. 피해자가 폭행당하는 동안 온 웹 세상이 관객이 된다. 〈독일이 슈퍼스타를 찾는다〉와 〈스타마니아〉는 젊은이들이 수백만의 관객을 앞에 놓고 마음껏 폭력을 휘두르는 합법적인 검투사 싸움이다.

이런 방송이 인기를 끄는 건 품질 좋은 음악을 제공하기 때문이 아니다. 다른 사람이 냉소적인 배심원들에게 모욕당하는 광경을 구경할 수 있기 때문이다. 공연히 보기 민망할수록 시청률은 높아진다. 한 사람씩 선택하여 떨어뜨리는 서바이벌 쇼가 한창 인기를 끄는 것도 다 그런 이유에서다. 다른 사람이 모욕당하는 꼴을 보면서 자신의 결점을 위안하는 것이다.

마틴 스콜세지는 이렇게 말했다.

"과거에 공개 처형이 있었다면 지금은 TV가 있다."

웹은 위험에 빠진 청소년들은 더 위험한 생각으로 내몰고 있다. 그리고 언젠가는 가상 세계와 현실 세계의 경계가 사라질 것이다. 그럼 온 세상이 증인이 될 것이다.

'한 아이를 좋아했지만 그 아이는 분명 내 사랑을 받아 주지 않을 거야. 내 인생이 무의미하다는 확신이 들었지. 여러 번 자살을 생각했고 또 자살을 시도했어. 날 좋아하지 않는다고 말하는 사람들 틈에서 살아야 한다는 게 너무 피곤해. 난 내 인생을 망쳐 버렸어. 내게 상처를 주었던 사람들은 오래전에 모두 용서했어. 하지만 내가 나 자신에게 저지른 일들은 결코 용서할 수가 없어. 이런 식으로 인생을 끝내는 게 얼마나 슬픈지 몰라. 이렇게 일찍 삶을 마감하는 나를 모두들 용서해 줘. 모두를 사랑했고 모두의 가슴속에 오래도록 살고 싶어. 사랑해, 언제나, 영원히.'

열아홉 살 에이브러햄 빅스의 작별 편지 일부이다. 이 10대 소년의 자살이 전 세계적인 뉴스가 된 건 그가 온 세상을 자신의 고통과 죽음을 목격한 증인으로 만들었다는 사실 때문이었다. 12시간 동안 그는 자신의 웹 카메라를 이용해 온라인으로 자살 과정을 중계했다. 약물을 투여했을 때 사람이 죽음에 이르는 과정을 지켜본 사람들이 실제로 얼마나 되는지는 불확실하지만 족히 수천 명은 되었을 것이라는 데는 이견이 없다. 빅스는 자신의 휴대전화 번호까지 공개했지만 관객들이 그에게 던진 건 시니컬한 댓글들뿐이었다. 이 모든 것이 미래에 나올 공포 영화의 한 장면이 아니다. 2008년 플로리다 주에서 실제로 벌어졌던 일이다.

"미래에는 모든 사람들이 15분 동안 유명해질 수 있다."는 앤디 워홀의 말이 분명 이런 뜻은 아니었을 것이다.

원초적 신뢰의 의미

아동심리학자 에릭 에릭슨에 따르면 아기는 태어난 지 3년이 지나면 어떤 상황과 사람을 신뢰할 수 있는지 안다고 한다. 그와 더불어 '맹목적' 신뢰나 불신은 사라지고 환경을 차별적으로 인식하고 평가하는 능력도 생긴다고 한다. 이런 원초적 신뢰의 형성에 가장 중요한 건 직접적인 보호자이다. 다시 말해 부모, 그리고 일차적으로는 어머니이다.

신경학자이자 정신과 의사인 보리스 시륄니크와 다른 프랑스 학자들은 그 유명한 루마니아 고아원 출신 아이들의 뇌를 컴퓨터 단층촬영으로 조사하여 이들의 뇌에 '구멍'이 뚫려 있다는 사실을 발견했다. 원인은 정서적 방치였다. 그 후 이 아이들을 아주 훌륭한 양부모 밑으로 입양시키고 1년 후 다시 촬영을 실시했다. 결과는 놀라웠다. 뇌의 구멍들이 사라져 버린 것이다. 이 사실을 통해 아무리 출발 조건이 나쁘다 해도 모든 인간에게 기회를 주려는 노력은 결코 세상을 개선하겠다는 지식인의 망상이 아니라는 것을 잘 알 수 있다. 심리적 상처는 명백하게 치유될 수 있는 것이다.

세상의 한편에는 고통만 받은 외로운 아이가 있다. 세상의 다른 편에는 어릴 때부터 사랑을 듬뿍 받고 자란 태양의 아이가 있다. 그리고 대부분의 인간은 그 중간의 어딘가로 내던져진다. 그들은 인생이라는 짐을 짊어져야 하지만 인생을 스스로 개척해 나갈 가능성도 갖추고 있다. 자유의지에 대한 믿음은 자기충족적 예언이다. 스스로 내 인생의 책임을 떠맡겠다는 결정은 그 누구도 앗아 갈 수 없다.

인생 최대의 모험

> "인간은 왕자와 공주로 태어나지만 부모가 그들을 개구리로 변신시켜 버린다."
>
> — 교류 분석의 창시자 에릭 번

아이를 낳는 건 아마도 인생 최대의 모험일 것이다. 지금까지의 삶을 송두리째 변화시키는 일이기 때문이다. 아이를 낳은 부부는 갑자기 몰아닥친 혼란과 스트레스로 인해 갈피를 잡지 못한다. 잠은 부족하고 자기 뜻대로 할 수 있는 일이 하나도 없다. 부모는 지치고 불안에 떨며, 부부관계마저 시험대에 오른다. 가족 치료사들은 둘째 아이가 첫째 아이보다 더 큰 도전이라고 말한다. 솔직한 심정을 들어 보면 모든 부모가 다 아이의 부정적인 면을 참고 견디기가 무척 힘들다고 고백한다. 따라서 우리 아이들은 다음과 같은 위험에 내맡겨져 있는 셈이다.

- 부모의 사랑과 관심, 애정을 받지 못한다. 부모가 자신과 내적으로 결합되어 있다는 확신을 갖지 못한다.
- 신체적으로나 정신적으로 학대당하고 그로 인해 외상을 입는다. 아이를 학대하는 부모는 어린 시절 스스로도 같은 일을 당한 경우가 적지 않다.
- 과보호 속에서 버릇없는 아이로 자란다.

좋은 측면만 본다면 육아는 인간이 할 수 있는 가장 의미 있는 프로젝트일 것이다. 단기간의 부담은 크지만 장기적으로 볼 때 그 부담을 상쇄하고도 남을 만큼의 큰 만족감을 선사하고, 인생의 많은 것을 다른 관점에서 다시 한 번 체험할 수 있는 기회를 제공하기 때문이다. 사실 자신이 죽고 나서도 이 세상에 자신의 흔적이 남는다는 것은 의미 있는 일이다.

하지만 많은 부모들이 두려워하는 최악의 시나리오, 즉 장애아가 태어나는 경우 육아의 부담은 이루 말할 수가 없을 것이다. 미주리 대학의 심리학 교수 로라 킹은 다운증후군 아동의 부모를 대상으로 연구를 실시한 바 있다. 그 결과 부모들은 장애아를 낳음으로써 인생이 원하는 대로 흘러가지 않았다고 고백했다. 그럼에도 예상과 달리 인생에 대한 그들의 만족도는 높았다. 그들은 최선을 다해 원치 않던 인생의 숙제에 매진하였고, 심지어 원래의 계획대로 살지 못하게 됨으로써 오히려 엄청난 자유를 만끽하였노라고 말했다. 상실과 성장을 동시에 경험할 수 있는 고도의 기술을 익히게 된 것이다.

그렇다면 반대의 상황은 어떨까? 부모에게서 사랑을 받지 못하고, 그것도 모자라 폭력을 당하며 자란 사람들은 어쩔 수 없이 자기 자식들에게도 똑같은 고통을 가할 수밖에 없는 걸까? 힘겨운 어린 시절을 보낸 사람은 하나도 빠짐없이 훗날 삶의 도전을 이기지 못하고 실패하고 마는 걸까?

미국의 학자 에미 워너는 소아과 의사 및 심리학자 팀과 힘을 합하여 1955년 하와이의 카우아이 섬에서 태어난 아이들의 인생행로를 40년 동안 추적 조사하였다. 조사 대상이었던 698명 중 201명은 만성적인 빈곤 가정에서 태어나 가난에 따른 여러 위험 요인, 즉 부모의 알코올 중독과 폭력을 겪으며 자랐다. 이들 중 3분의 2는 학습과 행동에서 심각한 문제를 겪었고 훗날 범죄를 저지르거나 정서 장애를 앓았다. 하지만 이 연구가 전 세계적인 이목을 끈 이유는 다른 데 있었다. 바로 이 아이들의 3분의 1이 불행한 환경에도 불구하고 능력 있고 낙천적이며 남을 배려할 줄 아는 성인으로 자랐다는 것이다. 에미 워너는 캘리포니아 대학에서 정년퇴임을 한 교수로 '회복탄력성 연구의 어머니'로 불린다. 회복탄력성이란 건축에서 사용하는 용어로 물질이 휘는 성질을 말한다. 따라서 회복탄력성이 높은 사람은 아무리 상황이 힘들어도 폭풍우 속의 갈대처럼 휘어지지만 부러지지는 않는다.

이 연구에 대해서는 뒤에서 좀 더 자세하게 살펴보겠지만, 여기서는 이 한마디만 하고 넘어가자. 행복한 유년기를 만들기에 너무 늦은 때는 없다.

나는 에미 워너에게 다음 세대를 위해 충고를 부탁했다. 즉, 인생의 상처에 대처하기 위해 가장 중요한 3가지 가치가 무엇이라고 생각하느냐고 물었다. 그녀는 즉석에서 다음의 3가지를 언급하였다.

1. 공감
2. 정의감
3. 시민 의식

힘겨운 위기에서 새로운 인생의 의미를 찾아내는 사람들은 결코 저항력이 강한 사람들이 아니다. 그냥 평균적인 심리적 안정성만 있으면 된다. 중요한 건 고통스러운 사건을 자신의 인생사로 편입시킬 수 있는 능력이다. 그 능력만 있으면 아무리 힘든 일이 있어도 고통의 나락에서 빠져나와 새로운 인생을 만들어 나갈 수 있을 것이다.

"한겨울에 나는 내 안에 억누를 수 없는 여름이 있다는 걸 경험했다."

– 알베르 카뮈

3

학교에서 나의 첫 꿈이
좌절당했다

"저는 형제가 없어서 늘 혼자서 놀았습니다. 학교 가는 길에는 나무하고 이야기를 나누었고 레고 블록, 곰 인형은 물론이고 연필이며 공책에까지 마음을 흠뻑 주었지요. 물건들 하나하나에 이름까지 붙여 줄 정도로 말입니다. 제가 상상한 세상에선 이 물건들이 다들 제 친구였습니다. 아마 형제가 있었다 해도 이 물건들보다 더 좋아하지 못했을 거예요. 그래서 매일 학교에 갈 때마다 이 친구들을 다 데리고 다녔습니다. 당연히 가방이 터질 것처럼 꽉 찼지요. 무겁기는 했지만 친구들과 함께 있어서 외롭지 않았거든요.

초등학교 2학년 때였습니다. 어느 날 담임 선생님이 가방 검사를 하셨습니다. 내 차례가 되어서 선생님이 책상에 놓인 제 가방을 들여다

보시더니 번쩍 치켜들었습니다. 온갖 물건들이 가득 들어 있었으니 당연히 무거웠겠지요. 선생님은 이렇게 무거운 가방을 들고 다니면 건강에 좋지 않다고 말씀하시더니 제가 지금까지도 믿을 수 없는 일을 저질렀습니다. 가방을 뒤집어 내가 아끼는 물건들을 모조리 바닥에다 쏟아 부었던 거지요. 나의 깊은 내면이, 누구에게도 말하지 않았던 비밀이, 이름과 사연들이 한순간에 교실 바닥에 흩어졌습니다. 선생님은 이런 잡동사니를 왜 들고 다니냐며 화를 내셨어요. 내일부터는 절대 학교에 들고 와서는 안 된다고 따끔하게 주의를 주셨죠. 전 창피해서 얼굴을 들 수가 없었고, 얼른 흩어진 '친구들'을 주섬주섬 챙기며 잘못했다고 사과를 했습니다. 그때까지 그 선생님은 저의 우상이었습니다. 가르치는 방식이 정말 마음에 쏙 들어서 속으로 제일 좋아하던 선생님이었지요. 하지만 그 순간 제 인생의 모델은 죽었습니다. 저는 두 번 다시 선생님을 좋아한 적이 없고, 인생의 우상 같은 것을 만들지 않았습니다. 그날 이후 제 인생의 신조는 '무엇에도 마음을 주지 마라'가 되었습니다. 저는 아무것도 소유하고 싶지 않고 아무것도 가지지 않으려 합니다. 모든 것은 언제든지 사라질 수 있다는 점을 항상 명심하고 삽니다. 그래야만 상처받지 않을 테니까요."

　그 초등학교 교사는 생각 없이 저지른 자신의 행동이 안나에게 어떤 결과를 불러왔는지 전혀 몰랐을 것이다. 학생의 건강을 염려했던 선의에도 불구하고 그의 행동은 학생에게 씻을 수 없는 상처를 입혔다. 안나는 새아버지에게 구박을 받고 자랐다. 아무리 노력해도 굼뜨다고, 한심하다고 야단을 맞았다. 그래서 선생님에게 마음을 주었는데, 아버지처럼 믿고 따르던 선생님마저 안나에게 돌이킬 수 없는 아픈 상처를 주었던 것이다.

왜 우리는 안나의 담임 선생님처럼 행동할까? 심리치료사인 카롤리네 쿤츠에게 물어보았다. 멍청해서 그런가? 무지해서 그런가? 아니면 단순히 무신경해서인가?

"우리는 각자 나름의 가치를 따르며 무의식적으로 행동합니다. 성찰을 하지 않지요. 자신의 목표만 쳐다보는데, 이 경우 담임 선생님은 초등학교 학생은 무거운 가방을 들고 다니면 안 된다는 생각만 했지, 실제로 자신의 행동이 타인에게 어떤 결과를 불러올지는 생각을 하지 않았던 겁니다."

카롤리네 쿤츠는 이것이 아주 간단한 몇 가지 질문만으로도 충분히 해결할 수 있는 문제라고 말한다. '당신이 아이에게서 원하는 것이 무엇인가? 아이가 그런 당신의 생각을 알 것이라고 생각하는가?' 아이의 입장이 되어 생각해 보자. 열 살까지의 아이들은 집단에 소속되느냐의 여부를 아주 중요하게 생각한다. 그래서 사고의 규격화 경향이 강하다. 특히 여자아이들은 그 집단에서 가장 인기 있는 사람에 속하고 싶어 한다. 그런데 평소 좋아하던 선생님이 집단 앞에서 너는 우리와 달라서 그 집단에 소속될 수 없다고 단언한다면 그것보다 더한 치욕이 어디 있겠는가. 아이는 죄책감을 느낄 것이고 집단에서 쫓겨난 느낌이 들 것이다.

구름에 가린 태양

"23년 전 첫 울음을 터트리면서 우리 인생의 찬란한 태양이 되어 주었던 우리 아들 알프레트는 14년 동안 아무 문제가 없는 아이였어요. 말썽을 부린 적도 없었고, 10개월 만에 걸어 다녔으며 15개월 만에 어른 뺨치게 말을 잘했지요. 또 어릴 때부터 운동신경이 발달해서 골프신동이라는 소리까지 들을 정도였지요. 하지만 그 모든 것도 열다섯 살까지였을 뿐, 열다섯 살이 되던 해 알프레트는 모든 것에서 손을 떼어 버렸어요. 골프를 하지 않겠다고 선언하더니 지각과 조퇴, 결석을 밥 먹듯 했지요. 그래도 김나지움 5학년까지는 간신히 마쳤지만 6학년과 7학년은 낙제를 해서 한 해씩 더 다녔어요……."

절망한 어머니들이 자기 자식들이 학교에서 겪은 수난사를 담아 내게 보낸 4만 통의 이메일 중 하나에서 발췌한 내용이다. 내가 이런 이메일을 받게 된 계기는 2008년 3월에 나온 나의 첫 책『영재 공화국』과 그 책으로 인해 불붙은, 우리의 학교 시스템이 우리 아이들의 재능을 어떻게 대하고 있는가에 대한 논쟁 때문이었다.

앞에서 소개한 편지를 쓴 어머니는 의사와 교사, 학교 당국을 찾아가 열심히 도움을 청했지만 아들은 결국 자퇴를 하고 말았다. 그리고 부모가 운영하던 스포츠용품 회사에서 일을 하기 시작했다. 회사의 업무용 언어는 영어였다. 알프레트가 학교에서 내내 나쁜 성적만 받았던 과목이었다. 하지만 아이의 영어 실력은 회사에서 일한 지 얼마 되지 않아 일취월장하였고, 이에 자신감을 얻은 알프레트는 검정고시를 준비하고 대학에 진학하여 경영학을 공부하겠다는 꿈을 키웠다. 마침 내 2007년 알프레트는 대학에 입학하였고 직장에 다니면서 학업을 병행했다. 어머니의 이메일은 이런 문장으로 끝을 맺고 있었다.

"패배자, 게으른 놈, 버릇없는 외동아들. 이것이 아이가 학교에서 친구들에게 들었던 평가의 전부였습니다. 그 패배자가 이제 자신의 길을 가려 합니다. 그리고 어떤 길이 되었건 자신이 선택한 길을 걸어갈 것입니다. 학교와 교사는 제 갈 길을 가려는 우리 아들에게 일말의 도움도 주지 않았습니다. 계속 싸워 주세요. 이 한심한 교육 시스템이 마침내 자신의 잘못을 깨닫고 변화를 모색할 때까지, 그리하여 우리 젊은 이들이 재능과 능력을 키울 수 있는 기회를 얻게 될 날이 올 때까지."

그래도 알프레트는 행운아다. 유감스럽게도 대부분의 학생들은 그런 행운을 누리지 못한다. 대부분은 패배자라는 낙인이 찍힌 채 심리적 상이군인이 되어 학교 시스템에서 퇴출당한다. 연방 통계청의 통계 자료에 따르면 독일에서 해마다 약 2만 5천여 명이 유급을 당하고 그로 인해 1,250억 유로의 비용이 든다고 한다. 여기에 추가로 해마다 약 20만 명이 학교를 옮기거나 자퇴 혹은 퇴학을 당한다. 오스트리아의 경우 유급 학생이 연간 3만 7천 명이다. 내 책을 읽은 독자들의 이메일과 편지를 보고 있으면 마치 학교라는 전선에서 보낸 전황보고서 같다는 느낌이 든다. 이런 비유가 너무 지나치다고 생각하는 독자들에게 나는 지난번 동창회를 한번 떠올려 보라고 부탁하고 싶다. 마치 그 모임이 퇴역 군인 모임 같지 않았는지, 다들 어른이 되기 위해 함께 걸어가다가 어느 날 사라져 버렸던 동료를 떠올리지 않았는지. 그들 모두가 알프레트 같은 행운아는 아니다. 자식을 믿어 주고 자식의 뜻을 존중하고 지원해 주는 부모는 누구나 만날 수 있는 행운이 아니기 때문이다.

선생님의 매를 사랑의 매라고 확신한 부모 때문에 고통당한 카를의 이야기도 있다.

"학창 시절, 이상하게도 학교에서 제일 고약한 선생님만 담임으로 걸렸지요. 초등학교 때부터 선생님에게 맞았는데 고등학교에 가서까지 괴롭힘을 당했습니다. 특히 고등학교 때는 제가 편도염을 얼른 치료하지 않아서 생긴 심근염 때문에 2년 동안 고생을 무척 했습니다. 약이 어찌나 독한지 약을 먹으면 졸립고 나른해서 의욕이 전혀 없었어요. 덕분에 꿈뜨다고 많이 맞았습니다. 집에 와서 말해도 소용없었어요. 당시만 해도 선생님은 신과 같은 존재라 부모님은 무조건 제가 잘못한 거라고 오히려 야단만 치셨지요. 결국 전 자살을 시도했습니다. 물론 꼭 죽고 싶어서라기보다는 반항의 의도가 더 강했고, 다행히 부모님께서 늦지 않게 저를 발견하셨지요. 그 후 병원에서 정신과 치료를 받았고 부모님은 그제야 제 고민을 진지하게 받아들여 주셨어요."

이 수난사의 주인공은 19세기의 인물이 아니다. 다섯 페이지에 걸쳐 학창 시절의 경험담을 내게 고백했던 카를은 1972년에 초등학교에 입학했다. 지금 그는 교사가 되어 돈키호테처럼 교육 시스템이라는 풍차와 맞서 싸우고 있다.

> "여기서 나의 첫 꿈이 좌절당했다.
> 쉽게 아물지 않았던 그 상처로 인해 나는 한참을 아팠다."
>
> —헤르만 헤세(마울브론 수도원에서 보낸 학창 시절에 대해)

약점을 공격하고 재능을 죽이는 교육

우리의 학교 시스템은 아직도 학생의 최고 약점을 찾아내고 확인하여, 그것을 이용해 향후 9~13년 동안 학생의 기쁨을 강탈하는 데 혈안이 되어 있다.

"넌 독일어를 잘하지만 그래도 소용없어. 수학을 못하거든. 그 약점만 있으면 우리는 너에게 모욕과 재시험의 공격을 날릴 수가 있지. 네부모도 참 불쌍해. 널 붙들고 수학공부를 시키든가 학원비를 벌어야할 테니 말이야."

우리 학교의 학생재능말살 전략의 서론이 이 정도이지 않을까?

우리는 학교 시스템 덕분에 평생교육을 실천한다. 엄마도 공부하고 아빠도 공부하고 할머니, 할아버지도 공부하고 학원 선생님도 공부한다. 단, 학생들만 공부를 안 한다. 학교 덕분에 예나 지금이나 여성들은 아이 공부를 위해 일을 할 수 없고, 방학이 되면 온 식구가 체험학습 숙제를 하러 휴가 길에 올라야 한다. 한번 솔직해져 보자. 우리가 힘을 합하여 우리 아이들에게 인생 준비를 시켜 줄 조직을 새로 만든 다고 한다면 과연 지금처럼 아이들을 아침 6시부터 깨울 것인가? 30명이 훨씬 넘는 아이들을 한 교실에 처넣고 하루 종일 딱딱한 의자에 앉혀 놓을 것인가? 방학도 없이 아이들에게 공부 타령만 해 댈 것이며, 부모와 교사, 학생이 모두 죽을 정도로 스트레스를 받아야 하는 조직을 만들 것인가?

예를 들어 다른 아이들보다 학습 능력이 뛰어난 아이가 있으면 어쩔 것인가? 케른텐 주에 사는 한 어머니는 내게 이런 경험담을 털어놓았다. 자기 딸이 초등학교에 입학하기 전부터 비범한 언어 능력을 보였다. 국어는 물론이고 외국어까지 또래 아이들에 비해 월등히 뛰어난 실력이었다. 어머니는 기대 반 우려 반의 심정으로 입학식 전날 교장 선생님을 찾아가서 사정을 털어놓고 아이에게 특별 교육을 시킬 수 있는 프로그램이 있느냐고 물어보았다. 교장 선생님은 어머니를 안됐다는 표정으로 쳐다보면서 이렇게 말했다.

"걱정 마세요. 차츰 정상으로 돌아올 겁니다."

개선해야 할 교육 방법이 아직도 고쳐지지 않은 채로 수업이 진행되고 아이들의 미래를 멋대로 재단하는 교사들 때문에 아이들은 상처받는다.

"학교 생활을 견딜 수 있었던 건 상상의 세계가 있었기 때문이죠. 현실을 떠나 나만의 세상, 상상의 세상에서 살았기 때문이에요."

"학교는 장마 같아요. 그냥 꾹 참는 수밖에 없어요."

학창 시절의 경험을 들려달라고 하면 제일 많이 나오는 말들이 이런 종류다. 영화감독들은 안다. 나쁜 영화는 있어도 나쁜 관객은 없다는 것을. 영화가 마음에 안 들어서 상영이 시작된 지 10분 만에 밖으로 나갈 수 있는 자유는 극장에서만 허용되는 것이다. 나쁜 수업 시간은 50분이나 되지만, 그 50분 동안 학생은 절대 교실 밖으로 나갈 수 없다. 우리 학교에선 여전히 일방적인 교사의 강의식 수업이 진행되고 무조건적 암기가 강요된다. 의학으로 치면 아직도 중세의 방혈 치료법을 답습하는 셈이다. 위대한 알베르트 아인슈타인이 지난 세기 중반에 학교에 대해 했던 말이 꼭 지금 21세기의 교육 시스템에 그대로 적용되어야 한단 말인가?

"교육은 학교에서 배운 것을 몽땅 다 잊어버리고 나면 남는 것이다."

"넌 너무 멍청해서 청소부가 되겠구나!"

초등학교의 한 여교사가 아이들의 숙제장에 이런 평가를 써 주었다. 그것도 빨간펜으로 말이다. 그 소식을 들으면서 자신의 어린 시절을 떠올린 사람들이 많을 것이다. 직접 당한 사람도 많을 것이고, 냉소적인 선생님이 같은 반 친구의 미래를 예언하는 그런 장면을 목격한 사람도 적지 않을 것이다. 특히 가난한 외국인 노동자나 생활보호 대상자의 자녀라면 초등학교 때부터 '넌 문제가 있어'라는 식의 이런 예언을 수도 없이 들었을 것이다. 여리디 여린 어린아이의 가슴에 그런 사회의 낙인이 얼마나 큰 상처를 남길지는 불을 보듯 뻔한 일이다.

한마디로 말해 아이의 재능보다는 부모의 사회적 신분과 주거지가 아이가 받을 수 있는 교육 기회를 좌우하는 세상이다. 출신에 따라 재능 활용의 권리도 달라진다. 물론 모든 아이가 아나운서나 의사, 인기 스타가 될 수는 없다. 하지만 적어도 우리에겐 모든 아이들에게 용기를 주고 모든 아이들에게 공정한 기회를 제공하는 학교가 필요하다. 또한 부모와 교사들에겐 아이에 대한 사회적 차별을 막아 줄 의무가 있는 것이다. 우리 교육 시스템이 그러하듯 약점부터 후벼 팔 것이 아니라 아이의 재능과 장점을 발굴하고 육성해 줄 학교가 절실한 것이다. 하지만 현실은 그렇지 못하다.

"좋은 학교를 만들자면 무엇보다 올바른 교사를 선발해야 합니다. 하지만 학급 공동체도 아주 중요합니다. 나치가 침공하기 전에 노일란트(가톨릭 청년 운동에서 시작된 오스트리아 가톨릭 단체—옮긴이) 학교에서 보낸 2년은 저에게 정말 큰 도움이 되었지요. 우리가 공동체라는 것, 서로가 열심히 협력한다는 것이 좋았습니다. 물론 학교에서 느껴지던 경건한 분위기도 많은 도움이 되었습니다. 당시 저는 막 10대가 되어 그 방면으로 아주 예민하던 시기였거든요. 합창과 시 같은 문화적 조건도 좋았습니다. 지금까지도 저는 그 2년 동안 쌓았던 영적, 문화적 기초에 의지해 살아가고 있답니다."

다비드 슈타인들 라스트가 학창 시절을 회상하며 한 말이다.

훌륭한 교사와 멋진 학급 공동체! 이것이야말로 지금 우리의 학교에서도 꼭 필요한 요소이다. 이것만 있다면 의미 없는 규정과 아무 생각 없는 책임자들 때문에 썩어 가는 교육 시스템 속에서도 사라지지 않을 힘이 솟구쳐 나올 것이다. 또한 학교 교육은 마음 교육과 둘이 아님을 생생하게 입증해 보일 수 있을 것이다.

펠릭스가 우리에게 가르쳐 준 것

펠릭스는 다르다. 한쪽 손과 머리 말고는 아무것도 움직일 수가 없다. 호흡도 인공호흡기에 의존하기 때문에 계속해서 가래를 제거해 주어야 한다. 자동차 사고의 결과이다. 펠릭스는 여덟 살이고 전신마비이며 평생을 휠체어에 앉아서 살아야 한다. 부모는 '정상적인' 초등학교에 아이를 넣기 위해 여기저기 수소문을 하고 다녔지만 단 한 곳도 받아주는 학교가 없었다. 아이 곁에 항상 간호사가 붙어 있을 텐데 그러면 수업에 방해가 되어서 교사들이 싫어한다는 이유에서였다. 펠릭스의 지적, 정신적 능력은 지극히 정상이다.

한 사립 초등학교 교사인 소냐 세르프가 교장 선생님에게 불려 가 펠릭스 이야기를 들었다. 그리고 아이를 그녀의 반에 받아 주겠느냐는 교장 선생님의 질문에 그러겠다고 대답했다.

"그래서 교사가 있는 게 아니냐고 대답했습니다. 그게 교사의 임무니까요. 물론 구체적으로 어떨 것이라는 생각은 못했습니다. 하지만 받아 주는 게 당연하다고 생각했습니다."

동료 교사들이 도시락을 싸 들고 다니면서 말렸다.

"교실에 낯선 사람이 얼쩡거리고 있다고 생각해 봐요. 얼마나 성가시겠는가."

교육당국에 보조 교사를 요청했지만 책임자는 이런 말로 단칼에 거절했다.

"뭐 하러 보조 교사가 필요합니까. 서로 거치적거리기만 할 텐데."

방학 동안 소냐 세르프는 많은 생각을 했고 열심히 새 학기 학습 계획을 짰다. 펠릭스가 함께 참여할 수 없으면 어떻게 할까 고민도 많았다.

"첫날부터 아이들에게 상황을 설명했습니다. 인공호흡기가 갑자기 작동을 멈출 경우에 대비한 수동 호흡기의 작동법 등 쉽지 않아 보이는 일들도 많았지요. 우리는 아이들에게 기계를 보여 주고 모두 한 번씩 작동해 보게 했습니다. 호흡기 호스가 목 밖으로 미끄러져 나올 수도 있으며, 그래도 괜찮다는 사실을, 다시 집어넣는 방법은 무엇인지도 설명하고 아이들에게 실습을 시켰지요. 대부분의 아이들은 별 동요 없이 우리의 설명을 이해하고 열심히 실습에 응했습니다. 겁에 질린 표정으로 호스를 들여다보던 여자아이까지도요. 며칠이 지난 후 그 여자아이의 어머니가 아이의 알림장에 편지를 써 보냈습니다. 펠릭스가 문제라고, 펠릭스 때문에 자기 딸이 너무 무서워한다고 말입니다. 나는 상당히 냉담한 말투로 답을 적어 보냈습니다. 문제는 펠릭스도, 그녀의 딸도 아닌 바로 그녀라고 말이지요. 일주일 후 처음으로 펠릭스의 목에서 호스가 미끄러져 나오자 그것을 다시 집어넣어 준 아이는 바로 그 여자아이였습니다. 그날 저는 생각했습니다. '그래. 우린 해냈어. 이젠 문제 없어.'"

소냐 세르프는 반 아이들을 모둠으로 나누었고, 그 과정에서 모든 아이들이 펠릭스를 자기 모둠에 넣고 싶어 하는 것을 보고 흐뭇했다. 체육 시간 모두가 춤을 출 때면 휠체어에 앉아 있는 펠릭스도 귀가 입에 걸렸다. 다 함께 노래를 부르면 어떻겠느냐고 선생님이 물으면 제일 먼저 펠릭스가 "네!"라고 소리쳤다. 물론 펠릭스는 노래를 부를 수 없지만 말이다. 펠릭스의 식사 시간엔 아이들이 서로 먹이겠다고 야단을 쳤다. 흥미롭게도 아이들의 공감과 연민은 펠릭스만을 향한 게 아니었다. 자기들끼리도 서로 배려하고 아꼈다. 소냐 세르프로서는 한 번도 경험해 본 적이 없는 현상이었다. 아이들이 자기 안에 숨어 있던 넘치는 사랑을 발견한 것 같았고, 몸이 건강하고 사지가 멀쩡한 것이 당연한 일이 아니라는 사실을 깨달은 것 같았다. 하지만 애들다운 순진함은 그대로여서 한번은 이런 일도 있었다. 옆 반의 한 아이가 놀러 와서 깁스한 팔을 보이며 '당당하게' 자랑을 했다. 그러자 한 여자아이가 "나도 깁스 하고 싶다."고 부러워했다. 옆에 있던 펠릭스가 "나도!"라고 하자 그 여자아이는 이렇게 말했다.

"넌 휠체어도 있으면서 무슨 욕심이 그렇게 많니?"

또 이런 일도 있었다. 수영 시간이었는데 펠릭스도 수영을 하고 싶다고 했다. 그날 학교에 따라온 어머니는 아들을 데리고 물속으로 들어갔고 잠시 후 아들을 물에서 데리고 나와 몸을 말려 주기 위해 의자에 뉘었다. 아이들이 펠릭스를 에워싸더니 장난으로 펠릭스를 물에 집어 던지겠다고 야단을 쳤다. 펠릭스는 깔깔 웃으면서 재미있겠다고 하면서 아이들을 부추겼다. 놀란 어머니가 아이들에게 그러면 안 된다고 설명을 했다. 펠릭스가 물에 빠져 폐에 물이 들어가면 죽을지도 모른다고 말이다. 그러자 한 아이가 그 어머니에게 이렇게 말했다.

"그럼 아줌마가 훨씬 편해지잖아요."

'펠릭스'는 당연히 가명이다. 어떤 가명을 쓰는 것이 좋겠느냐고 묻자 소냐 세르프가 '펠릭스'를 골랐다.

"행운이라는 뜻의 펠릭스요. 전 한 번도 그 아이가 불행한 모습을 본 적이 없어요. 늘 명랑했고 장래 희망이 축구 선수라고 했지요. 언젠가 건강해져서 일어설 것이라는 희망을 버리지 않았으니까요. 남자아이들이 축구를 할 때면 펠릭스는 휠체어를 타고 골대를 지켰어요. 진짜 골키퍼처럼 손에 장갑까지 끼고서요."

펠릭스라는 이름을 고른 이유를 그녀는 이렇게 설명했다.

"펠릭스와 함께 보낸 1년은 제 인생에서 아주 풍요로운 한 해였던 것 같아요. 장애를 구체적으로 어떻게 대해야 하는지를 배웠으니까요. 그전에는 한 번도 장애인을 그렇게 가까이서 보았던 적이 없었거든요.

솔직히 모든 교사와 아이들이 그런 경험을 한 번쯤은 해 봐야 한다고 생각해요."

"그렇다고 전국의 모든 학급에 장애인을 한 명씩 배정할 수는 없잖아요?"

이해할 수 없다는 표정으로 묻는 내게 그녀는 "왜 안 돼요?"라고 되물었다.

"사회적 공감을 형성하는 데 그보다 더 좋은 교육방법은 없을 거예요. 성인들 중에도 장애인을 한 번도 만난 적이 없는 사람이 많고, 그러다 보니 장애인을 만나면 당황하게 되는 거거든요."

하지만 학교에서 모든 학생들에게 지금보다 더 많은 관심을 보이기만 하면 우리 교육이 안고 있는 모든 문제가 다 해결될까? 소냐 세르프 같은 교사들이 받아 마땅한 존경과 존중을 받을 수 있도록 최선을 다해야 하지 않을까? 정말로 훌륭한 교사의 자질을 고루 갖춘 사람들의 숫자는 충분하다. 왜 그 사람들이 모두 학교로 가서 선생님이 되지 않는 걸까? 왜 공부 잘하고 능력 있는 학생들은 훌륭한 선생님이 되겠다는 꿈을 꾸지 않는 걸까? 왜 모두가 돈 잘 버는 변호사나 판사, 의사가 되고 싶어 하는 걸까? 우리 사회가 교사의 처우 개선에 힘쓰고, 교사를 존중하는 분위기를 만들기 위해 노력한다면 최고의 학생들이 너도나도 교사의 꿈을 꾸게 될 것이다. 그리고 그것이야말로 더 나은 학교를 만드는 최고의 지름길일 것이다.

2008년 4월 하버드 대학의 교수이자 다중지능 이론을 창시한 하워드 가드너를 그의 연구소에서 만나 대화를 나누었다. 그는 내게 이런 가설을 제시했다. 교사의 사회적 지위와 국가의 교육 시스템 수준에 순위를 매겨 보면 그 둘의 순위가 거의 일치한다는 사실을 확인하게 될 것이라고 말이다.

자녀에게 가르치고 싶은 가치 3가지는?

당신의 자녀에게 가르쳐 주고 싶은 가장 중요한 3가지 가치는 무엇인가? 나는 세 사람의 유명인에게 이런 질문을 던졌다. 미하이 칙센트미하이와 하워드 가드너, 그리고 소냐 세르프가 그들이다.

미하이 칙센트미하이
1. 인간관계 능력: 집단 학습, 자신의 감정 및 타인의 감정에 대한 이해력, 집단 활동 및 리더십.
2. 책임감: 고리타분한 도덕군자 타령을 하자는 게 아니라 아이들에게 어떤 행동이든 행동에는 반드시 결과가 따른다는 사실을 가르쳐 주어야 한다는 의미이다. 그 대상이 형제나 자매라 해도, 부모라 해도 마찬가지이고, 자연에 손을 댄다 해도 마찬가지다. 행동엔 반드시 결과가 따른다.
3. 공동체: 이 지구엔 우리 혼자 사는 게 아니다. 즉, 아이들에게 우리가 이 지구의 일부라는 사실을 체계적으로 이해시켜야 한다. 함께해야 우리 모두가 생존할 수 있다.

하워드 가드너

1. 정직과 윤리.
2. 아량과 남을 도우려는 마음.
3. 아이가 잠재력을 발휘할 수 있는 분야를 발견하는 것.

마지막으로 펠릭스에게 세상을 사랑하는 법을 가르쳤고 배웠던 그 여교사에게 물었다. 소냐 세르프 같은 교사들의 말에 우리는 좀 더 귀를 기울여야 한다.

소냐 세르프

1. 존중: 아이들에게 자신의 자유는 남의 자유가 시작되는 곳에서 끝난다는 사실을 가르쳐야 한다.
2. 자립: 세상에서 독립적으로 살아가고 비판적으로 교류한다.
3. 마음 교육: 펠릭스의 같은 반 친구들은 무엇보다 자신은 물론 남을 위해 사는 법을 배웠다. "아이들이 얼마나 서로를 위했는지 몰라요. 그렇게 서로를 생각하고 아끼는 학급을 맡아 본 적이 없었어요."

4

배신과 모욕은 왜
용서하기 어려운 걸까?

"인간은 모욕당한 존재입니다. 다들 그 사실을 너무 과소평가하지요. 하지만 제가 조사한 수인들은 거의 모두가 어린 시절 받았던 모욕을 가슴에 담아 두고 있었습니다."

1년 넘게 감옥에서 살인범들과 함께 지내며 7천 명이 넘는 수인들의 인생사를 조사하였던 정신과 전문의이자 법원 감정인, 중독 치료사인 라인하르트 할러는 이런 말을 했다. 인간관계에서 발생하는 거의 모든 문제의 원인은 모욕이다. 모욕으로부터 자유로운 사람은 아무도 없다.

모욕이란?

모욕은 우리 인격의 핵심이라 할 자의식의 훼손이다.

- 인생 최초의 모욕은 탄생과 더불어 시작된다. 신체적으로나 정서적으로 부족함이 없던 따뜻한 어머니의 배 속에서 갑자기 차갑고 눈부신 세상으로 끌려 나간다.
- 태어난 직후 몇 개월 동안 온기와 애정, 다정함의 욕구가 채워지지 않을 경우 이것이 두 번째 모욕이 될 수 있다. 아기들에겐 이런 것이 영양 섭취 못지않게 필요하다.
- 세 번째 모욕은 교육 시스템에 발을 들여놓으면서 시작된다. 호기심 많은 어린 탐험가, 가수, 춤꾼, 건축가, 조각가, 화가는 수업 시간에 조용히 하는 학생, 선생님 말 잘 듣는 학생, 글씨 예쁘게 쓰는 학생, 구구단 잘 외우는 학생으로 전락한다. 아이들의 창의성과 기쁨의 상당 부분이 잘려 나가는 건 두말할 나위가 없다.
- 사랑은 황홀한 순간과 심한 모욕을 동시에 준비해 둔다.
- 직장은 다섯 번째 모욕의 무대이다. 왕따, 해고, 계속되는 승진 탈락, 의미 없는 잡무 등이 전형적인 모욕의 요인이다. 직장인의 88퍼센트가 회사에서 외톨이라는 느낌이 든다고 고백한다. 70퍼센트는 최선을 다할 수 있는 자리에 배치되지 않았다고 털어놓았다. 이정도면 왜 직장이 모욕의 장소인지 더 설명이 필요 없을 것이다.

이에 대한 반응은 순간의 심적 상태, 감정 통제 능력, 모욕이 남긴 상처의 정도에 따라 상당히 차이가 난다. 하지만 "모욕은 병들게 한다."고 저명한 정신과 전문의 에르빈 링겔이 말했다.

예언이라고 해서 다를 바 없다. 잠깐의 유예가 있을 뿐, 모욕이 담긴 예언은 정해진 시간이 지나면 언젠가는 폭발할 시한폭탄과 같다.

어느 정육점 주인의 죽음

열일곱 살의 정육점 도제 프란츠는 정육점을 하는 아버지 밑에서 자랐다. 아버지는 아들에게 정육점을 물려줄 생각으로 일찍부터 아들을 정육점에 데리고 다니며 일하는 모습을 보여 주었고, 아들에게 직접 도살하는 법을 가르치기도 했다. 아들은 아버지를 우상으로 삼아 열심히 기술을 배웠고 아버지는 그런 아들이 기특하여 언제나 칭찬을 아끼지 않았다. 그랬기에 도무지 칭찬이란 걸 모르는 늙은 정육점 주인의 도제로 들어갔을 때 프란츠가 느꼈던 충격은 이만저만이 아니었다. 그는 왜 자신이 구박을 받아야 하는지 이해하지 못했고, 결국 모욕감을 견디지 못해 스승과 대판 싸우고는 정육점을 나오고 말았다. 1년 후 그는 예전의 스승과 이야기를 나누다가 그의 왼쪽 눈에 총을 쏘았다. 그리고 변호사에게 도제 생활을 그만둔 1년 동안 모욕감을 떨칠 수가 없었다고 털어놓았다. 평소 예의바르고 싹싹하기로 소문난 스무 살 청년은 증오감을 이기지 못해서 저지른 자신의 범행을 순순히 자백하였고, 스승을 쏘고 나니 한결 마음이 가벼워졌다는 심경 고백까지 하였다.

스승은 아버지에 버금가는 존재다. 늘 아버지에게서 칭찬과 찬사만 받던 청년은 늙은 스승의 냉담한 태도와 거부에 어떻게 대처해야 할지 난감했을 것이다. 또 아버지가 아이를 너무 일찍부터 정육점에 데려가서 살생의 경험을 허락한 것도 그런 치명적인 결과에 적지 않은 영향을 미쳤을 것이다.

요제프는 누나의 집으로 달려 들어갔고 잠깐 자신의 농담에 스스로 흡족하여 깔깔대며 웃었다. 그러고는 매형을 향해 첫 총알을 발사했고 연이어 누나와 조카들을 차례로 살해했다. 스티븐 킹의 공포 소설에 나오는 장면 같지만 실은 니더외스터라이히 주의 한 작은 마을에서 2008년 7월 2일에 일어났던 사건이다. 체포된 후 요제프는 1년 동안 이 살인을 치밀하게 계획했다고 자백했다. 주요 동기는 평생 동안 온 가족들이 자신을 이용하고 모욕했기 때문이고, 직접적 동기는 매형이 자신을 마을에서 일어난 아동 성추행의 범인이라고 중상모략 했기 때문이었다. 재판 과정에서도 요제프는 전혀 후회의 기색이 없었고 판결이 끝난 후 피고의 마지막 진술 때에도 범행을 저지르고 나니 잠이 잘 온다고 말했을 정도였다.

이런 식의 가족 비극이 눈에 띄게 늘고 있다. 하지만 범인들 대부분이 심각한 정신 장애를 앓았던 과거와 달리 요즘엔 이혼 소송, 양육권

분쟁, 직장에서와 이웃 간 갈등이 그런 무자비한 살인의 동기가 된다. 버림받은 아버지들은 헤어날 수 없는 모욕감 때문에 '자식을 내가 차지하지 못할 바에야 아무도 못 차지하게 만들겠다!'는 식의 그릇된 결정을 내린다. 물론 신문의 1면을 장식할 만큼 성공을 거두는 경우는 소수에 불과하지만 말이다.

현대인들은 나르시즘적 모욕에 아주 취약하다. 우리는 자신을 좋아하고 사랑하며 최대한 자신을 그럴듯한 인간으로 연출하기 위해 엄청난 노력을 경주한다. 그런데 그렇게 힘들여 쌓은 자의식의 탑을 누군가 무참하게 허물어 버린다면 우리에게 남은 선택이 무엇이겠는가? 씻지 못할 상처를 가슴에 안고 칩거에 들어가거나 미친 듯 상대를 공격해댈 수밖에.

"모욕도 제대로 주려면 잘 배워야 한다. 친절할수록 더 깊게 명중한다."

―마르틴 발저

모욕의 리스트

남자들끼리 솔직하게 털어놔 보자! 여자한테 넥타이를 선물 받고 기뻤던 적이 한 번이라도 있었는가? 넥타이를 준 사람이 우리가 평소 호감을 느끼던 매력적인 여성이라면 그녀가 다정하게 내민 넥타이는 당장 심각한 불안을 불러일으킬 것이다. 지금까지 그녀를 만날 때마다 내가 매고 나갔던 넥타이가 그렇게 한심했나? 그래서 최대한 상처를 덜 주기 위해 생일을 핑계로 내 패션을 지적하는 걸까? 의무감 때문에 다음부터 그녀를 만날 때마다 늘 그 넥타이를 매고 나간다. 그리고 옷장에서 그 넥타이를 꺼낼 때마다 그곳에 걸려 있는 다른 모든 넥타이를 의심의 눈초리로 쳐다보게 된다.

넥타이를 건넨 이가 아내라면 문제는 간단하다. 결혼생활을 유지하는 비결, 즉 덤덤한 무관심으로 넥타이를 건네받으면 그뿐이다. 뭐니 뭐니 해도 최악의 사태는 어머니한테 생일 선물로 넥타이를 받는 것이다. 브래드 피트가 안젤리나 졸리에게 생일 선물로 넥타이를 받는 장면도 상상하기 힘든데, 조지 클루니가 어머니한테 넥타이를 선물 받을 가능성이란 정말로 우리의 상상력을 벗어나니까 말이다.

친구들을 집으로 불러 저녁을 먹는 시간, 농담 삼아 지적한 남편의 '작은 약점'도 지뢰밭이 될 가능성이 높다. 갑자기 남편이 일어나 밖으로 뛰어나가고 북극에서 한줄기 바람이라도 불어온 듯 주변 온도는 급강하한다. 친구들은 남편의 탈출을 과잉반응으로 해석하며 어떻게든 분위기를 살려 보려고 대화의 주제를 바꾸려 용을 쓴다. 그럭저럭 시간이 흘러 친구들이 하나둘 자리를 뜨고 나면 그제야 겨우 집으로 기어들어 온 남편은 '어떻게 나한테 그럴 수가 있어⋯⋯'를 시작으로, 이어지는 몇 시간 동안 상호 모욕을 교환할 수 있는 절호의 기회를 제공한다.

악의의 교환이 아주 성공한 예로 다음의 일화를 들 수 있겠다. 애스터 부인이 윈스턴 처칠에게 이렇게 말했다.

"당신이 내 남편이면 당신 커피에 독을 타겠어요."

그러자 처칠은 이렇게 대답했다.

"당신이 내 아내면 그 커피를 마시리다."

제네바 협정이 미처 다루지 못했던 소소한 모욕의 리스트를 뽑아 보았다. 일단 몇 가지만 나열했지만 마음만 먹으면 한없이 늘어날 수 있을 것이다.

1. 넥타이, 싸구려 향수, 기타 정성 없는 선물들.

2. "당신 무슨 일 있어?"라는 파트너의 질문에 "아무 문제없어."라고 대답하기.

3. 여러 번 전화하겠다고 약속해 놓고 무작정 전화 안 하기.

4. 오래전에 둘이서 저녁 약속을 잡아 놓고 약속시간 40분이 지난 후 상대가 레스토랑에서 물 잔을 다 비우고 메뉴판을 달달 외우고 있을 즈음 문자로 약속을 취소하기.

5. 자기가 꽤 의미 있는 사람이라고 착각하는 사람의 생일을 고의적으로 잊어 버리기. 며칠이 지난 후 틀에 박힌 삭막한 카드를 보내 입에 발린 축하의 인 사말 전하기.

6. 친구들에게 나이지리아 왕자가 앞으로 받을 유산에 옵션으로 돈을 투자하 라고 권하기(2008년엔 미국 자동차 주식, 아이슬란드 국채, 독일 은행주, 절 대적으로 안전하다는 오스트리아 부동산 펀드로 종목이 확대되었다).

결투

체면을 중시하는 사람일수록 모욕과 오명에 대해 보통 사람이 상상하기 힘든 복수욕을 느낀다. 얼마 전까지만 해도 남자들은 명예회복을 위해서라면 총을 들어야 한다고 생각했다. 비극이 단 한마디의 말에서 비롯되는 경우가 얼마나 많았던가.

1804년 7월 11일 아론 버와 알렉산더 해밀턴은 두 척의 배에 나눠 타고서 허드슨 강을 거슬러 올라 뉴저지 주 위호큰 근처의 외딴 곳으로 노를 저어 갔다. 그곳에서 두 사람은 전통적인 결투의 규칙에 따라 열 걸음 걸어간 후 돌아서서 서로에게 총을 쏘았다. 해밀턴은 몸 오른쪽에 총을 맞고 얼마 후 사망하였다. 버는 다치지는 않았지만 명성에 치명적 손상을 입었다. 미국 역사상 가장 유명한 이 결투는 두 참가자 모두를 희생시켰다.

왜 이 결투가 제시 제임스나 빌리 더 키드 같은 유럽의 유명한 총잡이들보다 더 두고두고 미국 역사가들의 논쟁거리가 되었을까? 이유는 간단하다. 아론 버는 당시 미합중국의 부통령이었고 알렉산더 해밀턴은 전직 재무부 장관이었기 때문이다. 두 번째 질문은 조금 더 복잡하다. 왜 미국의 두 유명 정치인은 당시 불법이었던, 생명은 물론 정치 생명까지 위태롭게 할지 모르는 결투를 유일한 해결책으로 여겼을까? 한쪽이 다른 쪽의 아내와 바람이라도 피웠던 걸까? 두 사람이 대통령 자리를 두고 경쟁을 벌였을까? 결코 아니다. 둘 중 어느 쪽도 대통령이 될 가망은 없었다. 이유는 별로 유명하지 않은 신문 「알바니 레기스터」에 실렸던 제3자의 편지 한 구절 때문이었다.

"해밀턴이 미스터 버에 대해 늘어놓았던 언사보다 더 경멸적인 언사를 당신에게 해 댈 수도 있습니다."

바로 이 '경멸적인'이라는 말이 미국 역사상 가장 큰 인간적, 정치적 비극의 원인이었던 것이다. 역사학자 조셉 엘리스는 미국의 건국 세대를 다룬 그의 책 『그들이 아메리카를 창조했다』에서 그 시절의 사회도덕적 통념이 서로 그다지 좋아하지는 않았지만 그렇다고 철천지원수까지는 아니었던 두 사람을 어떻게 돌이킬 수 없는 막다른 길로 몰았는지를 기록하였다. 문제는 모략, 자존심 훼손, 양심과 성격의 문제였다. 결국 두 사람은 작은 바위에서 서로에게 총구를 겨누었다. 알렉산더 해밀턴은 총상으로 하루 만에 사망했고, 미합중국의 부통령 아론 버는 자리에서 쫓겨나 도망을 쳐야만 했다.

오랫동안 결투는 불법이긴 했지만 귀족 마술사의 망토를 걸치고 중세 기사 복장을 한 명예로운 경쟁쯤으로 여겨졌다. 산업혁명 이전엔 젊은 남성 3명 중 1명이 결투로 목숨을 잃을 정도였다. 목적은 명예와 사회적 신분을 유지하는 것이었다. 남자 대 남자의 결투에서 적을 죽이면 명성이 높아졌다.

하지만 실상 결투란 자칭 신사들이 서로의 불안을 유치하게 과시하면서 서로에게 총질을 해 대는 병리학적 의식에 불과했다. 오늘을 사는 우리는 얼마나 달라졌을까? 21세기의 무기는 1804년의 그것과 다르지만 우리의 감정적 반응은 그때와 비교해 별반 달라진 것이 없어 보인다. 받은 모욕은 반드시 갚겠다는 유치한 반응은 결투에서보다 한 발자국도 더 나아간 것 같지 않으니 말이다. 그러기에 누구한테 무슨 말을 들었건 복수의 혈전을 벌이겠다고 흔들리는 쪽배에 올라타기 전, 결투의 진상을 다시 한 번 상기할 일이다.

모욕에 대한 원초적 반응

모욕에 대응하는 방법엔 3가지가 있다. 도피, 공격, 그리고 죽은 척하기. 이 3가지 반응이야말로 수천 년 전부터 우리 안에 숨어 있는 원초적 충동이다. 자신의 반응 이유를 정확히 깨달을수록, 다시 말해 내가 왜 술을 마시고 약을 털어 넣고 현실을 외면하는지 그 이유를 정확히 알수록 자제력을 발휘하여 현실도피나 과민 반응에 빠지지 않을 확률이 높다. 공격 반응이 머릿속에 저장되어 있으면 일단 역공부터 생각하게 된다. 따라서 모욕에 대한 즉흥적 반응은 그릇된 반응일 가능성이 아주 높고, 당연히 그런 반응은 문제를 확대시킬 뿐이다.

형을 비롯하여 자신을 배반한 모든 조직원들을 죽이라는 마이클 코를레오네에게 코를레오네 가문의 고문역인 톰 헤이건은 말한다.

"마이클, 다 죽일 수는 없어." 그 말에 마이클은 이렇게 대답한다.

"다 죽이자는 게 아냐. 내 적을 모조리 죽이자는 것이지."

그 막내 마이클 코를레오네가 우리의 영혼으로 들어오면 우리 역시 적에게 최후의 일격을 가하는 행복한 상상에 빠져든다. 이 가상의 복수혈전에서 가장 만족스러운 부분은 역시나 우리의 적들이 참기 힘든 고통에 몸을 떨면서, 우리에게 저지른 잘못을 깨닫고 자신의 과오를 뉘우치는 장면이다. 이런 남모르는 만족을 가끔씩 음미할 수 있다면 스트레스 해소에 그만일 것이다. 마음만 먹으면 언제라도 상상의 세계에서 빠져나올 수 있는 사람이라면 말이다. 문제는 이런 복수의 상상이 우리를 지배하기 시작할 때 시작된다. 같은 장면이 머릿속에서 계속 맴돌면서, 거듭되는 수정 작업을 통해 풍부하게 보완된다. 적들과 나누는 대화는 할리우드 영화 뺨치는 수준으로 격상되고, 그쯤이면 오스카도 넘볼 정도다. 우리의 공소장은 몇 시간을 읽어도 모자라고, 적들이 온갖 변명을 늘어놓아도 우리는 단칼에 자르며 누가 봐도 확실한 증거를 적의 코앞에 들이민다.

그러니 세계 문학의 최고 작품들이 복수 이야기인 것이 우연은 아닌 셈이다. 아름다운 헬레나를 강탈한 일은 트로이 전쟁의 발단이 되었다. 오디세우스는 집으로 돌아온 후 자신의 집을 점령한 채 아내 페넬로페를 괴롭히던 적들을 모조리 죽였다. 니벨룽겐의 노래에서는 크림힐트에게 모욕을 당한 브륀힐트가 하겐을 사주하여 지크프리트를 죽이지만 훗날 크림힐트는 니벨룽겐 종족을 완전히 말살시킴으로써 끝내 남편을 잃은 앙갚음을 하고야 만다. 몽테크리스토 백작은 억울한 옥살이를 하면서 적들에게 복수할 꿈을 꾸었고, 감옥을 나온 후 치밀한 계획을 세워 결국 꿈꾸던 복수극을 실천에 옮긴다.

복수를 향한 인간의 욕망은 가장 강한 원시적 충동 중 하나이다. 인간 종족의 생존은 사냥한 음식을 공정하게 배분하느냐에 달려 있다. 따라서 누군가 마트에서 새치기를 하거나 에스컬레이터에서 앞질러 가려고 할 때면 우리는 자기도 모르게 불쑥불쑥 그런 원시적 충동에 휩싸인다. 물론 절대로 앞지르기를 허용하지 않을 만큼 우리는 문명화가 충분히 진행되었지만 그럼에도 그런 사소한 충동들이 자꾸 쌓이고 축적되다 보면 가끔씩 자기도 모르게 충동이 튀어나와 복수를 감행할 수도 있다. 복수는 몸에 좋기 때문이다. 스위스의 두뇌 연구가 에른스트 페르와 도미니크 드 퀘르뱅은 우리가 타인의 부당한 행동을 처벌할 경우 뇌의 보상 센터에서 좋은 감정이 유발된다는 사실을 발견하였다. 그 복수가 객관적으로 우리에게 해가 될 경우에도 마찬가지라고 한다.

이탈리아 선수가 여동생을 폄하하는 발언을 하자 즉흥적으로 복수를 했던 유명 축구 선수 지네딘 지단은 그 사건으로 인해 이미지에 큰 타격을 입었고, 팀 전체에도 큰 손실을 입혔다. 하지만 일단 복수를 하고야 말겠다는 결심이 서면 중도에 멈출 수 없는 경우가 많다. 설사 상대가 전혀 죄가 없는 사람이라 하더라도 말이다.

함부르크에 사는 마흔아홉 살의 한 수공업자가 태연한 표정으로 세무서로 들어가서 자신의 담당 여직원이 어디 있는지 물었다. 하지만 그녀는 마침 자리를 비운 상황이었고, 그는 옆자리에 앉은 다른 여직원을 칼로 찔렀다. 한 번도 본 적 없었고, 그에게 아무 잘못도 저지른 적 없는 사람을 말이다. 범행 후 순순히 체포된 그는 범행 동기를 묻는 형사에게 세무서를 찌르고 싶었다고 대답했다.

극단적인 경우 복수는 필생의 과제가 되기도 한다. 하루 종일 머리는 부당하게 당했던 억울한 일만 되풀이하여 생각하고, 가해자가 아무 벌도 받지 않고 유유히 거리를 활보하고 있다고 생각하면 미칠 것 같은 심정이 된다. 결국 그래 봤자 자신만 손해지만 당사자는 절대 그 사실을 깨닫지 못한다. 분노는 영혼을 가혹하게 만든다. 그래서 화해의 마지막 기회까지 결국 놓쳐 버리는 사람들이 있다. 자신, 그리고 세상과 화해하지 못한 채 생을 하직하는 사람들이 있다.

로베르트는 가족과 인연을 끊고 살았다. 그러다 65세가 되던 해 불치병에 걸렸다는 진단을 받자 그는 의사에게 이혼한 아내, 아들, 딸에게 연락을 취해 달라는 부탁을 했다. 의사는 딸과 연락이 닿았고 아버지의 건강 상태와 죽기 전에 한 번만 가족을 보고 싶다는 아버지의 소망을 전했다. 하지만 딸은 과거 아버지에게 받은 상처를 잊지 못했고, 여태껏 연락을 끊고 살았는데 이제 와서 굳이 만날 필요가 있겠느냐는 말로 의사의 청을 거절했다. 로베르트는 진단을 받은 후 3주 만에 세상을 떠났지만 그 3주 동안 아내도, 아들도, 딸도 그를 찾아오지 않았다. 아버지 역시 직접 딸에게 전화를 걸 용기를 마지막까지 내지 못했다. 결국 그는 가족과 화해하지 못한 채 세상을 떠났고, 가족은 아버지와 화해하지 못한 채 세상을 살아가고 있다. 용서에도 유효기간이 있다. 죽음이라는 유효기간 말이다.

모욕으로 인한 충격이 너무 커서 도피, 공격, 죽은 척하기의 3가지 방법이 통하지 않을 것 같으면 인간은 닭이 된다. 닭들이 놀고 있는 마당의 하늘에 가짜 맹금류 인형을 띄워 놓으면 놀란 닭들이 허둥지둥 사방으로 뛰어다닌다. 하지만 계속 맹금이 사라지지 않으면 어느 시점부터 닭들은 사납게 쪼아 대기 시작한다. 뇌가 문제해결 전략으로 이런 강제적 행동을 강요함으로써 자동 조절 장치처럼 닭들의 행동을 조종하기 때문이다. 이런 행동은 맹금류의 위협에 전혀 무의미한 반응이지만, 닭들은 아랑곳하지 않는다. 그것이 무의미한 반응이라는 사실을 알아차리는 방법은 단 하나, 외부 관찰자가 되는 길뿐이다. 하지만 스스로가 극단적인 위험에 처해 있으면 인간 역시 출구 없는 상황을 해결하기 위한 나름의 방책으로 닭들과 비슷한 무의미한 활동을 전개한다. 그래서 극단적인 경우 광기에 가까운 망상을 따를 수도 있는 것이다.

모든 문제를 단번에 해결하는 기적의 무기가 나올 것이라는 믿음은 결코 나치와 더불어 죽지 않았다. 기업 자문을 직업으로 하는 나로서는 누가 봐도 명확한 위험을 인식하려 하지 않고 비현실적 전략에 빠진 경영진들 때문에 위기 상황에 처한 조직을 한두 번 본 게 아니다. 누가 봐도 미친 짓인데 그런 미친 짓에 빠져 헤어나지 못하는 친구는 또 한둘이었는가! 압력이 너무 강하면 인간 역시 닭처럼 자신이 미친 듯 쪼고 있다는 사실을 깨닫기가 쉽지 않다.

용서가 어려운 이유

사랑하는 사람이 우리를 버리고 다른 사람에게 가 버린다면, 우리의 마음은 심장 한 조각이 잘려 나간 듯 지독한 고통에 아파할 것이다. 상대가 나에게 저지른 짓을 논리적으로 이해하려 애써 보지만 도저히 이해할 수가 없다. 특히 우리가 중요하게 생각하는 핵심 가치가 훼손된 경우 용서가 더욱 쉽지 않다. 신뢰를 남녀관계의 가장 중요한 가치로 생각하는 사람에게 파트너의 기만은 무엇보다 큰 상처가 될 것이니까 말이다. 기만당한 쪽은 자신이 당한 모욕과 상처를 되돌려 주기 위해 온갖 방법을 총동원한다. 같이 맞바람을 피우기도 하고 파트너에게 탈세 증거를 들이밀며 신고해 버리겠다고 협박하기도 한다. 아예 경멸하고 무시하는 방법도 있다.

"그 인간하고는 끝이야. 살아생전 두 번 다시 보고 싶지 않아."

스스로에게, 또 최대한 많은 사람들에게 이렇게 외치고 다닌다. 방법은 다양하지만 목적은 하나다.

"나한테 그런 짓을 할 수는 없어. 나한테 상처를 주다니 그대로 돌려주겠어!"

상대에게 이런 메시지를 확실하게 전달하려는 것이다.

하지만 부당한 대접이나 모욕을 갚아 주겠다는 결심을 굳히기 전 반드시 되새겨야 할 진리가 있다. 신뢰의 나선 운동이 있듯 복수의 나선 운동도 있다는 사실을 말이다. 복수와 되갚음의 나선 운동에 발을 들여놓는 순간, 내 인생은 속도를 더해 가며 주고받는 복수의 나락으로 빠져들 것이다. 진정 내 삶을 남의 손에 맡기고 싶은가? 진정 내 적과 나를 모욕한 이들에게 내 달콤한 잠의 권리를 넘겨주고 싶은가? 복수의 욕망을 이기고 신뢰의 나선 운동에 발을 들여놓으면 행복하고 조화로운 삶을 살게 될 것이다. 실망을 딛고 다시 일어나 새로운 관계에 신뢰를 선사할 수 있을 것이다.

물론 말은 쉽다. 아무리 합리적으로 들리는 소리도 당사자에게는 말처럼 실천이 쉽지가 않다. 넓은 아량으로 화해의 악수를 청할 마음은 있지만 그렇게 하면 겁쟁이처럼 보일까 봐, 그래서 더 상처를 입을까 봐 겁이 난다. 우리가 용서하면 상대는 적어도 후회의 표정이라도 지어야 마땅하다. 하지만 과연 그 정도의 반응이라도 보이는 인간이 몇이나 될까? 모욕을 꾹 참고 상대에게 화해를 청했는데, 좋다고 화해를 받아들인 상대가 또 우리의 신뢰를 이용해 먹는다. 그런 씁쓸한 경험이 어디 한두 번인가?

1998년 8월 15일 새벽, 빌은 자는 아내를 깨운다. 그리고 모니카 르윈스키 사건이 그가 고백했던 것보다 훨씬 심각하다고 털어놓는다. 그와 르윈스키가 '부적절한 관계'였다는 사실을 공개해야 할 것 같다고 말이다. 그가 아내에게 사실대로 말하지 않았던 이유는 그 사건이 아내에게 얼마나 큰 상처가 될지 누구보다 잘 알고 있었기 때문이었다. 힐러리는 울기 시작했고 남편에게 고함을 질렀다.

"그게 무슨 말이야? 지금 뭐라고 하는 거야? 왜 날 속였어?"

빌은 그 자리에 서서 계속 같은 말만 되풀이했다.

"미안해, 미안해. 당신과 첼시를 보호하고 싶었어."

그 순간 백악관 침실의 상황은 바람피운 남편이 아내에게 사실을 고백하는 여염집들과 다를 것이 없었다. 꼭 그대로였다. 상습범인 빌은 잡힐 때마다 두 번 다시는 그러지 않겠다고 맹세를 했다. 그런 남편을 마지못해 믿어 주었던 아내는 이번에도 남들은 다 아는 사실을 자신만 모르고 있었다. 백악관 직원들과 변호사들은 이미 오래전부터 르윈스키 사건의 전말을 알고 있었다. 빌과 힐러리 클린턴이 여염집 부부와 다른 점이 있었다면 그날 아침 「뉴욕 타임스」가 1면 기사의 제목으로 '대통령이 르윈스키와의 스캔들을 자백할 생각이다'라는 문장을 선택했다는 사실이었다.

그 어떤 곳보다 정계의 상처는 더 큰 고통이 따른다. 공개적이기 때문에 온 나라가, 클린턴 같은 국제적인 정치가의 경우 온 세상이, 세계 최고 권력자의 결혼 생활을 두고 입방아를 찧을 것이기 때문이다. 1면 기사의 제목이 사람을 죽일 수도 있다. 말이 중상을 입히는 총알이 될 수 있다. 힐러리 클린턴은 남편이 대통령이 되면 바람기를 자제할 수 있으리라 기대했다. 결혼 생활 내내 참고 견뎌야 했던 고통이 끝날 수 있으리라고 말이다. 그런데 그 해묵은 상처가 다시 벌어졌다. 그것도 온 세상 사람들 앞에서. 하지만 바로 그 치욕의 순간 그녀의 호감 지수가 급상승했다. 이를 악물고 남편을 공개적으로 변호한 그녀에게 감탄과 찬사가 쏟아졌다. 어떻게 그 시기 동안 그녀가 매일 아침 자리에서 일어나 대중 앞에 설 수 있었는지 많은 사람들이 궁금해 했다. 그럴 때마다 힐러리 클린턴은 자신의 인생 모델인 엘리너 루스벨트의 말을 즐겨 인용했다.

"정계에 몸담은 여성은 무소 가죽처럼 피부가 두꺼워야 한다."

모욕에 대처하는 법

"구덩이에 빠지면 어떻게 해야 할까? 땅을 더 파지 마라!"

스승의 대접이 소홀하여 서운해 했던 정육점 도제만 살인자가 되는 것이 아니다. 기대했던 진급 심사에서 탈락한 사람만 일할 의욕이 없어지는 게 아니다. 냉담한 부모 밑에서 자랐다고 해서 모두가 행복한 가정을 꾸릴 능력이 없는 게 아니다. 바람을 피웠다고 해서 모든 부부가 이혼 법정으로 달려가지는 않는다. 정적에게 욕을 먹었다고 해서 모든 정치가가 상대에게 결투를 신청하지는 않는다.

모욕 때문에 무너진 사람들은 모욕을 이길 수 있는 사람과 무슨 차이가 있을까?

오페라가 인생의 지혜를 전달할 장소는 아니지만 때에 따라서는 예외도 있다. 요한 슈트라우스의 〈박쥐〉에 나오는 이런 구절처럼 말이다.

"변할 수 없는 것을 잊는 자, 복되도다."

때로는 순응하는 능력도 필요하다. 부당한 일이 넘쳐 나는 세상에서 별 문제 없이 잘 사는 사람들이 있는가 하면, 사소한 모욕에 대해서도 온 우주가 자신을 배신한 것처럼 괴로워하고 힘들어하는 사람들이 있다.

모욕에 잘 대처하는 사람들의 특징을 몇 가지 꼽아 보면 다음과 같다.

1. 근본적 신뢰가 아주 중요하다. 자신이 사랑받는 소중한 사람이라는 확신이 있으면 웬만한 모욕쯤 쉽게 눈감아 줄 수 있다.
2. 자립심이 강하고 결단력이 강한 사람은 자아가 튼튼하기 때문에 자존심이 상했다고 해서 금방 흔들리지 않는다.
3. 자신의 좁은 울타리 바깥 세상에 호기심이 많은 사람일수록 상처와 모욕에도 꿋꿋하다.
4. 침착하고 태평한 기질은 격한 감정을 잘 다스릴 수 있다.
5. 세상을 낙관적으로 바라보는 사람은 모욕도 좋은 쪽으로 해석하기 때문에 잘 견딜 수 있다.

곱씹고 곱씹으며 쉽게 용서하지 못하면 건강에도 좋지 않다. 용서는 건강하다.

고리타분한 공자님 말씀 같지만 캘리포니아 스탠퍼드 대학 연구팀의 연구 결과이다. 이에 대해서는 뒤에서 보다 상세하게 살펴보기로 하자.

용서는 두통과 위통에서부터 피곤함, 어지럼증 같은 스트레스 증상을 줄인다. 용서하면 혈압과 맥박이 떨어지고 근육이 이완된다. 뿐만 아니라 실험에 참가한 250명의 심리 상태 역시 상당히 호전되었으며, 그 호전 효과의 지속성 역시 아주 좋아서 몇 달 후에도 여전히 효력이 있었다. 많은 연구 결과들이 이런 사실을 입증한다. 화해의 길은 편한 길이 아니다. 그 길을 가려면 넘어야 할 장애물이 많다. 용서는 이성으로만 할 수 있는 것이 아니다. 온 마음으로 용서해야 한다. 그렇지 않으면 증오가 남는다. 하지만 일단 용서하면 돌아오는 대가가 크다. 아무런 고통 없이 지난 모욕을 떠올릴 수 있을 테니 말이다.

"이웃을 비난하는 사람은 그릇 생각할 수 있지만 이웃을 용서하는 사람은 절대 그릇 생각하지 않는다."

—카를 하인리히 바세름

5

암사자와 늑대의 싸움은
오늘도 계속된다

노을을 배경으로 페라리를 몰던 그 유명한 말보로 모델은 1992년 51세의 나이로 폐암에 걸려 사망했다. 황야의 외로운 늑대들도 멸종 위기에 처해 있다. 늑대의 문명화된 변종, 삶의 도전에 홀로 당당히 맞서던 남성들 역시 너도나도 정신과를 찾는다. 그들이 그곳을 찾는 이유는 상처를 치유할 방법을 찾기 위해서다. 정신과 치료를 받는 남성의 비율이 급속도로 증가하고 있다. 대부분이 심각한 공포증 때문에 병원을 찾는다. 그동안 힘들게 올라간 성공의 사다리에서 떨어질지도 모른다는 두려움, 열심히 일하여 모은 재산을 한꺼번에 날릴 수 있다는 두려움, 뭔지 모르지만 인생에 실패할지 모른다는 두려움…… 남자들은 지위와 신분에 대한 집착이 아주 강하고 내면이 확고하지 않기 때문에 지위든 돈이든 조금만 잃어버려도 곧바로 자기 존재와 정체성에 큰 타격을 입는다. TV에서 보지 않았던가. 실직을 하고도 가족에게 말하지 못해 매일 아침 출근하는 척하며 집을 나서서는 하루 종일 거리를 헤매다가 집에 돌아가 사무실 이야기를 하는 일본 남성들을. 모아 놓은 돈이 다 떨어지고, 스토리는 결국 자살이라는 비극으로 종결된다. 그 모두가 가족에게 사실을 털어놓기가 수치스럽기 때문이다.

꼬마 아가씨가 계모와 의붓언니들의 구박을 받으며 집안 허드렛일을 도맡아 한다. 그리고 마침내 어느 날 아무리 힘들어도 참고 견디던 아가씨에게 왕자님이 나타난다. 발에 꽉 끼는 구두를 신어 보는 등 몇 가지 어려운 과제가 주어지지만 아가씨는 확인 절차를 무사히 마치고 왕자를 따라 궁으로 가서 결혼을 하고 죽는 날까지 오래오래 행복하게 산다. 이 아가씨의 이름은 신데렐라이고 월트 디즈니가 영화로 만들어 전 세계에 보급하였다. 하지만 이런 식의 이야기는 스토리만 조금씩 다를 뿐 어느 문화권에나 존재한다. 그 여자가 〈프리티 우먼〉의 창녀냐, 〈러브 인 맨하탄〉의 호텔 직원이냐는 그저 시나리오의 문제일 뿐이다. 버킹엄 궁전의 주인이 된 다이애나의 신데렐라 스토리가 전 세계인의 마음을 사로잡았던 이유도 바로 그 때문이다. 물론 다이애나에겐 못된 계모는 없었지만 말이다.

유감스럽게도 실제 삶에선 영화와 달리 90분이 지나 주인공이 행복한 지점에서 이야기가 끝나지 않는다. 그럼에도 모든 문제를 다 해결해 주고 행복과 사랑을 주는 왕자가 나타나리라는 꿈은 아직 끝나지 않왔다.

"요즘 여성들도 동화 속 신데렐라처럼 구원의 왕자를 기다린다."

『신데렐라 콤플렉스: 독립에 대한 여성의 숨은 공포』라는 베스트셀러로 열띤 논쟁을 불러일으켰던 콜레트 다울링의 말이다. 요즘 여성들은 왕자를 기다리는 대기 시간 동안 수많은 개구리들과 키스를 나누고 〈섹스 앤 더 시티〉를 보며 낄낄대는 게 좀 다를 뿐이지만.

남녀가 상처에 대처하는 방법이 다른 이유

여자들은 상황이 안 좋을 때마다 '우울증'에 빠져도 좋다. 우울증에 빠진 여자는 만인의 공감을 얻을 수 있고 당당하게 정신과에 가서 약을 타 먹을 수 있다. 여자들은 직장에서도 동료들에게 자기 기분을 털어 놓고 걸핏하면 피해자를 자처하며 책임을 남에게 전가할 수 있다.

"우리 아빠 때문이야. 내가 고르는 남자들마다 다 우리 아빠랑 똑같다니까."

하지만 남자들은 사정이 달랐다. 모두들 남자는 상처를 꿋꿋하게 이겨 내야 한다고 생각했고 남자들의 자화상 역시 다르지 않았다. 상처에 연연하고 괴로워하면 겁쟁이고 패배자였다. 그런데 그런 남자들이 달라지고 있다. 요즘 남자들은 자기 감정에 솔직하고 당당하다. 친구들에게 부끄러워하지 않고 자기 감정을 털어놓으며 도움이 필요하면

거침없이 전문가를 찾는다. 지난 20년 동안의 변화이다. 예전에는 상상도 못했던 일이다.

하지만 아무리 세상이 변해도 남자와 여자는 다르다.

"남자들은 병원에 오면 일단 의사의 능력부터 테스트합니다. 고통을 털어놓고 그 대가로 돈을 지불할 가치가 있는 사람인지 따져 보는 거지요. 하지만 여자들은 병원 문지방을 넘을 때부터 고통스러워 죽겠다는 표정이고 병원에 들어서자마자 바로 고백을 시작합니다. 남자들은 의사와 쓰게 될 근로계약서를 꼼꼼히 따져 보지만 여자들은 아예 서명을 한 근로계약서를 들고 오지요. 하지만 막상 근로 계약을 체결하고 나면 남자들은 아주 신속하고 단호하게 업무에 돌입하는 반면, 여자들의 관심은 오로지 그 자리에 없는 제3자에 대항하기 위한 의사와의 동맹뿐입니다. 자신의 고통이 정당함을 확인받고 싶어 하면서도 삶을 변화시킬 각오는 좀처럼 하지 못하거든요." 심리치료사인 마르티나 라이보비치 뮐베르거의 경험담이다.

여자들은 인생을 다시 설계할 수 있을지를 놓고 계속 의심을 한다. 남자들은 실수에 대해서도 여자들보다 실리적이어서 새롭게 시작하기가 훨씬 수월하다. 물론 남자들 역시 치료 초기에는 자신이 억울해하는 것이 타당하다고 의사가 인정해 주기를 바란다. 하지만 성찰 능력을 완전히 상실한 경우가 아니라면 아주 단호하게 지금까지의 인생에 근본적인 문제를 제기하기도 한다. '난 누구인가? 난 무엇인가? 왜 이렇게 되어 버렸을까?' 하고 말이다.

하지만 극단적인 상황을 제외하면 아직도 치료사의 전문적인 도움은 상류층의 전유물이다. 돈 없는 사람들은 예나 지금이나 술이나 폭력, 수면제, 노름 같은 '전통적 방법'으로 영혼의 문제를 해결하고 있다.

빌헬름 부쉬는 세월이 이렇게 흐른 뒤에도 유효한 말을 남겼다.

"걱정이 있는 자에겐 리큐어도 있다."

남자는 성공을 자신의 공으로 돌리고 여자는 자기 외부에서 성공의 원인을 찾는다.

이런 '제법' 근본적인 차이는 어디서 오는 걸까? 남녀의 자존감이 다르게 발달되는 것 또한 한 가지 원인이다. 1등을 한 남학생들에게 어떻게 해서 그렇게 시험을 잘 쳤냐고 물으면 그들은 이렇게 대답한다.

"그 과목이 제 전공이거든요."

1등을 한 여학생에게 같은 질문을 하면 이런 대답이 돌아온다.

"운이 좋았어요. 열심히 공부한 데서 문제가 나왔거든요."

반대로 꼴등을 한 남학생에게 왜 성적이 나쁘게 나왔느냐고 물으면 이렇게 대답한다.

"애들이 시험시간에 너무 떠들었어요. 집중을 못하겠더라고요."

"시험 범위를 잘못 알았어요."

"선생님이 싫어요."

꼴등을 한 여학생들의 대답은 이렇다.

"공부를 안 했어요."

"문제가 너무 어려웠어요."

게임을 할 때도 마찬가지이다. 철자 맞히기 게임은 평균적으로 여자아이들이 남자아이들보다 뛰어난 능력을 발휘하는 종목이다. 그런데 여자아이들끼리 게임을 시키면 아이들은 상대가 자기보다 뛰어나지 않다는 사실을 확인하고 나서야 용기를 내어 손을 든다. 반대로 남자아이들끼리 게임을 시키면 상대가 자기보다 실력이 우수하다는 사실을 알아도 무시하고 마구 손을 든다. 패한 쪽은 되풀이되는 패배에도 전략을 바꾸지 않고, 심지어 상대에게 조롱을 당해도 계속해서 손을 치켜든다. 이런 결과로부터 우리는 남자아이와 여자아이의 게임이 어떻게 진행될지 어렵지 않게 추측할 수 있다. 여자아이는 자신이 상대보다 우수하다는 확신이 들 때까지 절대로 손을 들지 않는다. 따라서 여자아이가 이길 경우는 순전히 실력이 우수할 때뿐이다. 반면 남자아이들은 계속 틀려도 자신감을 잃지 않고, 심지어 자만에 겨워 여자아이를 무시하는 경향이 있다. 여자아이들은 자신의 능력을 보다 현실적으로 판단하는 데서 그치지 않고 실제보다 부정적으로 평가하기도 한다. 도리스 비쇼프 퀼러는 『천성적으로 다르다: 성별 차이의 심리학』에서 갈등, 행동, 자신감, 권력욕, 경쟁적 사고 등에서 나타나는 남녀의 차이와 관련하여 과학이 발견한 복잡한 연관관계를 아주 잘 분석하였다.

자신이 거둔 성과에 대한 반응도 남녀는 다르다. 잘되면 제 탓, 못되면 조상 탓이라는 속담은 남자들의 속성을 기가 막히게 반영한다.

여자들의 경우 정반대다. 남부럽지 않은 성공을 거둔 여성들도 새롭게 시작할 수 있을지 늘 자신 없어 하는 것도 다 그런 이유 때문이다.

한마디로 이렇게 요약할 수 있다.

남자들은 상처를 받으면 이렇게 묻는다.

"어떻게 그런 일이 다른 누구도 아닌 나한테 일어날 수 있었을까?"

여자들은 상처를 받으면 이렇게 묻는다.

"그래, 내가 그런 일을 겪는 게 당연하지."

카린의 이야기

카린은 권위적인 아버지 밑에서 자랐다.

"아버지가 원하는 딸이 되기 위해 무진 애를 썼습니다. 하지만 아무리 노력해도 결국 아버지 마음에 들지 못했지요."

열일곱 살이 되던 해 한참 연상의 남자를 사랑하게 되었고, 거의 10년 동안 동거를 했다. 워낙 나이 차가 많다 보니 카린은 남자의 말이라면 무조건 순종했고, 인생 경험이 풍부한 남자와 같이 사는 것이 든든하고 좋았다. 그 남자야말로 운명의 남자라고 믿었고, 그래서 그와 결혼을 하고 아이를 낳고 가정을 꾸리고 싶었다.

하지만 시간이 흐르면서 충돌이 잦아졌다. 그녀가 남자의 권위에 반항하기 시작했던 것이다.

"싸움이 잦아지자 자동적으로 회의가 들었습니다. 왜 내가 이 관계를 원하는지 자꾸만 자문하게 되었어요. 하지만 그러다가도 화해를 하고 나면 비 온 뒤 땅이 더 굳어진다고 서로를 묶어 주는 끈이 더 튼튼해지는 느낌이 들었지요. 우리 관계는 애초부터 동등하지 않았지만 전제 자신을 갈고 닦고 분석하여 우리 관계를 발전시키려 노력했습니다."

그런데 이 두 사람의 관계에는 아주 큰 걸림돌이 있었다. 바로 안마였다.

"그 사람은 늘 안마를 해 달라고 했습니다. 하루에 적어도 한 시간씩, 어떤 때는 한밤중에도 안마를 요구했지요. 그래도 한 번도 못하겠다고 한 적이 없었습니다. 싫다고 하면 큰 싸움이 벌어졌으니까요. 하지만 아무리 안마를 해 주어도 그는 늘 만족을 못했습니다. 조금만 더 해 달라고, 더 해 달라고 자꾸 재촉했지요. 언젠가부터 이런 생각이 들더군요. 내가 아무리 안마를 열심히 해 줘도 싸움이 없을 수는 없다고. 그래서 안마를 하지 않겠다고 했지요. '오늘은 마사지 없어.' 저의 그 말로 우리 관계는 종말을 고하기 시작했어요.

그는 얼마 안 가 그의 몸을 성심껏 마사지해 줄 다른 여자를 찾아냈지요. 다들 그 사실을 알고 있었는데 저만 까맣게 모르고 있었어요. 제가 그를 속인다는 건 상상조차 못할 일이었으니 당연히 그도 저를 속이지 않을 줄 알았거든요. 어느 날 친구한테 사실을 전해 들었습니다. 하도 기가 막혀 말도 안 나왔지요. 그는 내가 사실을 알았다는 걸 알게 되자 아예 대놓고 그 여자를 만나기 시작했어요. 짐은 우리 집에

두고 밤에는 여자의 집에 가서 잤으니까요. 견디다가 도저히 참기 힘들 땐 그 여자의 집으로 달려가 불 켜진 그 집 창문을 몇 시간 동안 바라보며 서 있기도 했습니다. 무엇보다 제일 견디기 힘들었던 건 제가 대체 가능한 인간이라는 사실이었지요. 그동안 우리 두 사람이 힘을 합쳐 일으켜 놓은 회사에서까지 그 여자가 떡하니 자리를 차지하고 앉아 있었으니까요. 그런데도 저는 그와 헤어질 결심을 하지 못했습니다. 그 사람이 없는 삶을 한 번도 상상해 본 적이 없었습니다. 더구나 그도 자신의 아내는 나뿐이며, 그 여자는 내가 자기한테 너무 곁을 안 주니까, 즉 그를 마사지해 줄 희생정신을 발휘하지 않으니까 적적하던 참에 우연히 얽히게 된 사이일 뿐이라고 계속 우겨 댔습니다."

카린은 그와의 관계가 오래가지 못하리란 걸 잘 알고 있었다. 하지만 그를 떠날 결심을 하지 못했고 그래서 다시 그를 자기 남자로 만들기 위해 최선을 다했다.

"정말 안 해 본 짓이 없었습니다. 그 사람 입에 맞는 음식도 해 주고 안마도 해 주고…… 그렇게 반년의 시간이 흘렀고 크리스마스가 다가왔지요. 너무 힘들었던 저는 크리스마스 휴가를 빌미로 파리에 사는 친구한테 여행을 갔습니다. 파리에서 한번 회사에 전화를 걸어 보니 여전히 그 두 사람이 같이 출근을 해서 그 여자가 내 자리를 차지하고 있다고 여직원이 알려주더군요. 그 순간 돌아가지 않으리라 결심했습니다. 2주 예정이었던 파리 여행은 2년의 체류가 되었고 그동안 나는 파리에서 공부를 했습니다. 그리고 적당한 일자리를 찾았지요. 물론 많이 힘들었습니다. 객지에서 혼자 공부하고 일하며 산다는 게 쉬운 일은 아니니까요. 그 사람에게 이메일을 보내 우리 관계를 분석해 보려 했지만 그는 여전히 자기 세계에 갇혀 저만 비난했습니다. 파트리샤 에반스의 『매질 같은 말: 관계에서 볼 수 있는 언어폭력』이 저 자신을 이해하는 데 아주 많은 도움을 주었습니다."

카린이 다시 마음을 열고 사랑을 시작하기까지는 무려 8년이라는 긴 세월이 걸렸다.

> "상처를 받으면 우리는 두 번 다시 상처받지 않으려고 우리 둘레에 벽을 친다. 하지만 벽을 치면…… 더 많은 상처를 받게 된다."
>
> — 크리슈나무르티

자해와 자학

마침내 말하고 싶은
노(No),
백 번도 더 생각했고
남몰래 말도 만들어 보았지만
한 번도 입 밖에 내지 못했다.

그 말이 내 속에서 이글거리며

내 숨길을 앗아 가고

이빨 사이에서 으스러지더니

내 입을

떠난다.

다정한 예스(Yes)가 되어.

— 페터 투리니

젊은이가 팔을 지진다. 담뱃불로 제 몸에 상처를 낸다. 남자들은 입을 꾹 다문 채 혼자 속앓이를 한다. 참다 힘들면 알코올 같은 중독 물질을 찾거나 생명을 건 모험에 몸을 내던진다. 남자들은 기질적으로 폭력성을 밖으로, 즉 타인에게 발산하기 때문이다.

여자들은 반대로 폭력을 자신에게 행사한다. 여자아이들은 몸에 생채기를 낸다. 면도칼로 팔을 그어 피를 낸다. 폭발할 것 같은 심정 때문에 아무 남자하고나 성관계를 갖지만, 그러고 나면 이용당했다는 느낌에 더욱더 우울해진다. 성인 여성들은 수면제를 털어넣으며 우울증에서 헤어나지 못한다. 고통 속에 둥지를 틀고 앉아 아무 느낌도 없이 그냥 하루하루 연명한다.

헤르타가 거의 2년 동안 연인관계로 지냈던 남자에게 같이 집을 구해 동거를 시작하면 어떻겠냐고 묻는다. "아직은 좀 이른 것 같아."라는 남자의 대답. 충분히 예상했던 바지만, 그럼에도 헤르타는 그것이 자신을 사랑하지 않는다는 말처럼 느껴져 가슴이 아프다. 물론 그렇다고 해서 관계를 끝낸 것도 아니다. 두 사람은 습관처럼 만나고 습관처럼 밥을 먹고 습관처럼 헤어진다. '내 이상형은 아니지만 일요일에 혼자 지내는 것보다야 낫지.' 다른 여성들처럼 일상의 무료함을 달래기 위해 낭만적이지 않은 해결책으로 도피해 버리는 것이다.

상담을 하러 온 여성 대부분은 일단 최근에 싸웠던 이야기부터 꺼낸다. 상대 남자가 한심한 놈이 분명하다는 점에 대해 의사의 공감과 확인을 기대하기 때문이다. 하지만 막상 구체적인 치료를 위해 다음 상담 날짜를 잡자고 하면 부담감을 느끼면서 시간이 없다고 꽁무니를 뺀다. 그러다 다시 파트너와 크게 싸우고 나면 그제야 상담 약속을 잡자던 의사의 제안을 떠올린다. 이들 여성들은 '체념의 균형' 상태에서 살고 있다. 더구나 요즘처럼 여성의 양육 부담이 늘어나는 상황에선 아무리 일상생활로 인해 약해지고 무뎌진다 해도 아이에 대한 책임감만은 버릴 수 없고, 그러다 보니 자식이 가장 중요한 인생의 의미로 자리 잡기도 한다.

누구에게도 상처 주고 싶지 않은 마음은 결국 언젠간 스스로에게 상처를 내기 시작하는 단계로 나아간다. 특히 여성들이 그런 상황에 취약하다. 여성이 남성에 비해 거절을 못하기 때문이다.

앞에서 언급한 신데렐라 말고도 동화에서 여성들은 주로 고통당하는 주인공이나 순교자의 역할을 맡는다. 여기에 부모와 사회의 교육마저 이런 식의 성 역할 모델을 지원하고 부추긴다.

여성이 "No"를 말하기 힘든 8가지 이유

1. 남들을 실망시키고 싶지 않다.

2. 남들을 도와주고 싶다.

3. 내 자존심이 걸린 문제다.

4. 나는 강하고 힘이 세니까 남을 지원해도 된다. 날 돌봐 줄 사람은 없지만 그
   래도 괜찮다.

5. 남들에게 기쁨을 주고 싶다.

6. 내가 좋은 사람이란 걸 입증하고 싶다.

7. 다른 사람을 위해 희생하는 사람이 되고 싶다.

8. 사랑받는 사람이 되고 싶다.

　겉으로는 안 그런 척해도 사람은 누구나 칭찬을 좋아하고 비난을 싫어한다. 그래서 아주 사소한 말 한마디, 몸짓 하나에도 괜한 상상력을 발동하여 하루 기분을 완전히 망칠 수 있다. 아침에 프레젠테이션을 마친 우테는 하루 종일 기분이 찜찜하다. 그렇게 몇 날 며칠 날밤을 새우다시피 준비를 했는데 자신을 바라보던 상사의 눈빛이 영 시원치 않았다. 집으로 돌아온 그녀는 다이어트 중이라 참고 있던 초콜릿을 우걱우걱 입으로 쑤셔 넣는다. 그리고 남자 친구에게 전화를 걸어 별일 아닌 일로 시비를 걸고, 당연히 화를 내는 남자 친구에게 그것이야말로 그가 그녀를 사랑하지 않는 증거라고 소리를 지른다. 자기 전에 이를 닦으며 화장실 거울을 보니 초콜릿 때문인지 얼굴이 푸석푸석하다. 내일 아침 몸무게를 재면 분명히 1킬로그램은 쪘을 거야. 그녀

는 공연히 화가 나 훌쩍거린다.

　나를 찾아와 이런 자학의 의식을 털어놓는 여성들이 적지 않다. 눈에 보이지 않는 손에 조종당하듯 계속 그 의식을 반복하는 여성들이 있다. 해롭다는 걸 너무 잘 알면서도 이 같은 자학에서 벗어나지 못한다.

암사자와 수늑대가 싸우면

　남자와 여자는 갈등 상황에서 사용하는 무기도, 그 무기를 사용하는 방법도 다르다.

　"남자들은 금방 공격적으로 돌변해 먹살잡이를 하지만 여자들은 언어 공격을 이용하는 훨씬 더 간접적인 대응 방식을 취한다. 즉, 트집을 잡고 경멸하고 멸시한다." 성을 연구하는 여성학자 헤르타 리히터 아펠트의 설명이다.

　마르티나 라이보비치 뮐베르거는 이렇게 말한다.

　"부부가 함께 상담실을 찾은 경우 대부분 나쁜 놈은 남자 쪽입니다. 항상 남자가 먼저 목소리를 높이면서 화를 내다 보니 일단 죄인이 되는 거지요. 하지만 두 사람의 행동을 가만히 지켜보면 여자가 남자를 교묘한 방법으로 자극하는 경우가 적지 않습니다. 심지어 상담을 하고 있는 와중에도 여자는 빈정대고 비꼬면서 남자의 감정을 자꾸만 건드립니다. 결국 남자는 불같이 화를 내며 고함을 지르고, 그럼 여자는 날 향해 이렇게 말하지요. "보셨죠? 늘 이런 식이라니까요." 여자들은 싸울 때 자신의 공격성을 타인에게 투사하는 경우가 많습니다. 이는 부권사회가 낳은 결과입니다. 여성들에게 실제 전투 참여가 허용되지 않았기에 몰래 숨어 전복을 꾀하는 비밀 활동의 대가들이 된 것이지요. 여성의 무기는 몸짓, 교묘한 말 한마디, 분위기 같은 입증할 수 없는 것들입니다."

　사내아이들은 시합이나 용기 테스트, 내기 등을 통해 갈등을 경험할 기회가 많지만 여자아이들은 일찍부터 될 수 있는 대로 갈등을 피하라는 가르침을 받고 자란다. 여자는 친절하고 상냥하고 말 잘 듣고 얌전해야 한다고 말이다. 혹시라도 공격성을 보이면 당장 제지당한다.

　잠깐 놀이터에 앉아만 있어도 잘 알 수 있다. 조그만 남자아이가 장난감 삽으로 친구의 머리를 때린다. 엄마들이 옆에 앉아 있지만 크게 야단치지 않는다. 사내아이들이란 저러면서 크는 거라고 무의식적으로 생각하기 때문이다. 하지만 여자아이들이 똑같은 짓을 하면 엄마들의 반응은 전혀 다르다. 때린 아이의 엄마는 당장 아이의 손을 잡으며 야단을 친다.

　"여자애가 그럼 못 써!"

　맞은 아이의 엄마도 이에 질세라 당장 아이를 부여안고 작업에 돌입한다.

　"어머, 세상에, 여자애 머리에 혹이라도 나면 어쩌려고. 안 아팠어?"

남자아이와 여자아이가 싸움을 할 경우엔 여자아이가 항상 약한 쪽이므로 남자아이는 나쁜 가해자요, 여자아이는 가엾은 피해자가 된다.

집단 경쟁 상황에서도 마찬가지다. 여자아이들은 절대 라이벌을 대놓고 공격하거나 비난하지 않는다. 그저 몰래 라이벌에 대한 이런저런 소문을 퍼트릴 뿐이다. 대놓고 싸우려고 드는 여자에겐 공격적이고 비여성적이라는 꼬리표가 붙는다. 사내아이들이 신체적 공격이든 언어적 공격이든, 모든 형태의 공격성을 공개적으로 표출하는 성향이 높은 반면 여자아이들은 이제 다시는 안 놀 거라는 둥, 우리 그룹에서 쫓아내겠다는 둥, 관계와 관련된 협박을 통해 갈등을 해결해 나간다.

이런 여성들의 성향은 알리스 슈바르처의 말을 통해서도 확인된다.

"여자를 잘 이해하기에 어디를 찔러야 정곡인지를 아는 쪽은 당연히 여자다. 남자들은 대부분 순진하다. 여자들은 아주 비열할 수 있다. 남자는 정면공격을 하지만 여자의 공격은 늘 빙 에두른다."

여성들은 아주 오랫동안 참는다. 최대한 참으면서 갈등을 피한다. 하지만 막상 공식 대결을 피할 수 없는 상황이 되면 여성들은 끝을 모르고 죽기 살기로 덤빈다. 새끼를 보호하기 위해서라면 무슨 짓이든 다하는 암사자가 되어 버리는 것이다. 설사 자신이 큰 해를 입을 수 있다 해도 막무가내다. 그렇지만 평소엔 될 수 있는 대로 피해자 역할을 하려 하고 최대한 꾹 참으며 갈등을 피한다. 설사 화를 내더라도 냉담한 태도를 취하거나 토라지거나 섹스를 거부하는 등 보다 교묘한 처벌

방법을 택하는 편이다.

남성들은 공식 대결의 경험이 여성들보다 훨씬 많다. 그래서 오늘의 적도 내일의 동맹자가 될 수 있다는 사실을 경험으로 체득한다. 성공한 남성들일수록 절대로 자신보다 열등한 적을 불구대천의 원수로 만들지 않는다. 갈등이 일어나도 공사 구별이 확실하다. 그러기에 더더욱 여성과의 갈등에선 어떻게 해야 할지를 몰라 허둥거릴 수밖에 없다.

이처럼 남성과 여성이 서로를 잘 이해하지 못하는 데에는 우리 사회의 잘못도 적지 않다. 그중에서도 성 역할에 대한 우리 사회의 인식과 교육이 큰 몫을 차지한다. 가정에서 어릴 때부터 몸짓, 말, 표정을 통해 충분한 훈련을 하지 않으면 훗날 자라서도 인간의 다양한 감정에 제대로 대응할 수가 없다.

따라서 우리가 보이는 반응의 스펙트럼은 지극히 제한적이다. 우리의 대안은 딱 두 가지, 공개 결투 아니면 완전 후퇴뿐이다. 현대 산업 사회에선 아이들의 보호자가 기껏해야 한두 명이다. 아버지, 어머니, 할머니, 할아버지, 큰어머니, 작은아버지, 오촌 당숙까지 한 마디씩 아이에게 훈계를 늘어놓던 대가족 시대와 달리 통계적으로 오늘날의 가정 구성원은 어머니, 아버지, 자녀 1.34명이라고 한다. 가족 단위 자체가 워낙 작고, 그마저도 부모의 이혼으로 편부모 가정이 늘고 있는 추세이다. 편부모 가정의 대부분이 어머니가 아이를 맡아 기르는 상황에서 초등학교의 남자 교사 보기가 하늘의 별 따기인 현실까지 고려하면 요즘 아이들에겐 남성 보호자가 절대적으로 부족하다. 물론 과거가부장적 구조의 대가족을 이상화하려는 의도는 결코 아니다. 다만 현대 아이들의 사회적 고립을 지적하고 싶을 뿐이다. 이런 현상은 사회적 시한폭탄이 될 수 있다. 인간관계나 감정 대응법은 아무리 훌륭한 컴퓨터도 가르칠 수 없는 것이니 말이다.

덫에서 벗어나는 법

여성들이 상처의 덫에 잘 걸리는 이유는 교육을 통해 무너진 자존감을 자기도 모르는 사이 마음 깊은 곳에서 다시 한 번 확인하고 싶은 심정 때문이다. 여성의 사회적 성공 여부는 전혀 문제가 안 된다. 어릴 적 아버지한테서 늘 '한심하다'는 소리를 듣고 자란다면 훗날 성인이 되어 남자 친구에게 배신당했을 때도 자신도 모르는 사이 아버지의 '한심하다'는 말을 떠올리며 자신은 배신당해 마땅한 한심한 인간이라는 생각을 하게 될 것이다. 한심하니 남자 친구가 딴 여자를 찾아 떠나는 게 당연하지 않느냐고 말이다. 자존감은 더욱 무너질 것이고 그녀는 더욱더 피해자의 역할에 빠져들 것이다. '난 배신당했어. 그게 내 운명이야. 어떤 남자를 만나도 분명히 날 배신할 거야.' 그리고 생각은 바로 자신에 대한 예언이 된다.

세 번이나 알코올 중독자와 결혼한 여성이 있는가 하면, 직장에서 아주 능력 있는 재원으로 꼽히면서도 늘 자신을 멸시하는 남성들만 만나는 여성들도 있다. 최악의 경우 사랑이나 애정이나 행복 같은 꿈을 완전히 포기한 경우도 있다. '이번 생애엔 사랑 같은 건 없을 거야. 사랑 따윈 없어도 좋아. 돈 많은 남자 만나서 자식이나 얻으면 되지.' 이들은 진짜 희망은 가슴에 묻어 둔 채 지극히 계산적인 관계를 유지하며 차가운 감정으로 복수전을 펼친다. 하지만 알고 보면 그들이야말로 가장 깊은 상처를 입은 사람들이다. 아이는 파트너의 대용품으로 전락하여 관계와 사랑을 갈구하는 어머니의 욕망을 충족시켜 주어야 한다. 아이들의 어깨가 너무 무거운 건 삼척동자도 다 짐작할 수 있는 사실이다.

이런 자해의 악순환에서 벗어나기 위해서는 무엇보다 이젠 타인의 기대를 채워 주려는 노력에 지쳤다고 솔직히 자신에게 고백해야 한다. 그래야만 타인을 위해 사느라 정작 자신의 욕망과 욕구는 얼마나 살피지 못했는지를 저절로 깨닫게 될 것이니 말이다. 두 번째 발걸음은 온 힘을 다해 자신을 위한 여유 공간을 쟁취하는 것이다. 여유 공간이 있어야 꿈꿀 수 있는 능력을 회복할 수 있다.

'생각이 사라졌다. 내게 힘을 북돋아 주던 생각들이. 내게 삶을 선사했던 지혜가. 좇고 싶었던 꿈들이. 자부심을 느끼던 성과들과 내 인생의 계획들이. 불가능을 가능으로 만들겠다는 이상이. 내 발길을 이끌어 주던 비전이. 내 인생의 버팀목들이. 이 소중한 생각들을 붙들고 싶다. 다시 잃어버리고 싶지 않다.'

잉그리트는 아주 오랫동안 같이 살았던 파트너와 헤어진 후 일기장에 이런 글을 적었다. 글쓰기 역시 새로운 자아를 찾기 위한 길이 될 수 있다.

남성 영웅들은 못할 일이 없다. 화살에 맞아도, 탄환으로 몸에 구멍이 나도, 칼에 두 동강이 나도 좋다. 딱 하나, 그들이 절대 해서는 안 될 일이 있다. 총에, 칼에 맞아서 아프다는 사실을 남들에게 알려서는 안 된다. 최고의 영웅이란 치명적인 부상을 입었지만 피가 셔츠를 다 적실 때까지 아무도 그 사실을 모르게 계속 싸우는 남자이다. 감히 범접할 수 없는 영웅의 모델로서 죽어서도 말에 묶인 채 적과 싸워 이긴 에스파냐의 전설의 영웅 엘 시드(중세 에스파냐의 명장. 무어 인과의 싸움에서 이름을 떨쳤으며, 사라고사의 무어 왕국 정치고문이 되어 여러 차례 공적을 쌓았다. 발렌시아를 정복한 후에는 왕과 동등한 지위를 구축했다—옮긴이)처럼. 인간은 그렇게 불멸의 존재가 된다.

그러니 이런 영웅 모델과 더불어 자란 우리의 남성들이 배워야 할 건 단 하나다. 상처를 받았다고 스스로에게 고백하는 것이다. 피가 셔츠를 다 적시기 전에 슬픔이나 고통 같은 감정을 스스로에게 허용할 것! 절대 겁쟁이라고 생각하지 말 것!

그러고 나면 스스로에게 질문을 던질 수 있다. 예를 들어 사귀던 여자에게 배신을 당했다면 이런 질문을 던질 것이다. 어떻게 그렇게 한심하게 당했을까? 나의 경보 시스템은 왜 작동하지 않았을까? 그녀 앞에서 마음 넓은 남자로 보이고 싶었던 걸까? 나를 우쭐하게 하던 그녀의 아침에 넘어갔던 걸까?

　고통스럽지만 이런 질문을 통해 앞으로 같은 상황이 닥쳤을 때 보다 잘 대응할 수 있는 방법을 모색할 수 있을 것이다. '난 매력적인 여성의 칭찬에 너무 약해.' 이런 깨달음은 뼈아플 것이다. 자신의 약점을 인정하는 건 남성의 자아에 큰 흠집을 낼 테니 말이다. 하지만 자신의 취약 지점을 알고 나면 비슷한 방법으로 접근해 오는 여성들에게 보다 잘 대응하고 대처할 수 있을 것이다. 경보음이 재빨리 울릴 테니 적어도 예전처럼 멍하니 있다가 뒤통수를 맞지는 않을 것이다. 여성들이 피해자 역할을 쉽게 포기하지 못하는 것처럼 남성들은 자아에 상처를 내는 깨달음을 두려워한다. 하지만 패배를 모를 것 같은 그들의 강한 자아에 실은 허점이 아주 많다는 사실을 진심으로 자각하는 이런 고통스러운 과정이 있어야만 상처도 아물 수 있다. 여자들은 어차피 다 똑같으니 앞으로는 절대 여자를 믿지 않겠다는 각오야말로 스스로를 피해자 역할에 옭아매는 동아줄이다. 자신의 약점을 파악하여 새로운 능력을 키운다면 고백할 수밖에 없었던 바로 그 약점이 오히려 강점이 될 수 있다. 다음의 도전, 이번보다 더 큰 도전에 맞서서도 잘 싸울 수 있는 무기를 갖추게 될 것이기 때문이다.

　인간에겐 동물과 다른 점이 있다. 남성과 여성의 관계는 애초부터 성공하도록 짜여 있다. 중상을 입히거나 씻기 힘든 상처를 안겨 주지 않고도 좋은 관계를 맺을 수 있다. 암사자와 수능대가 조금만 더 인내심을 갖고 서로를 이해해 나간다면 말이다.

6

노인들이 배제당하고 있다

노인들은 악취를 풍긴다. 늘 같은 이야기만 하고 귀찮은 일만 시킨다. 그래서 늙은 부모나 친척을 뵈러 가면 자기도 모르게 자꾸만 시계에 눈이 간다. 바쁘다는 말을 입에 달고 다니면서 부모에 대한 도덕적 의무감을 밀어내려 애쓴다. 그러다 어느 날 갑자기 부모님이 세상을 떠나시고 나면 물밀듯 후회가 밀려든다. 뭐 하느라 그렇게 소홀했던가? 내가 아는 어느 장례식장 직원이 말했다.

"양심의 가책이 클수록 관의 품질이 높아집니다."

보험회사, 은행, 관공서는 노인들에게 두려움의 대상이다. 컴퓨터 프로그램은 이사나 수술, 흐려지는 기억력을 고려하지 않기 때문이다. 그들의 처리 대상은 상황일 뿐, 사람이 아니다. 노인들이 혼자서 살 수 없는 상태에 이르면 우리는 그들에게 금치산 선고를 내리고 그들을 정말 품격이라고는 찾아볼 길 없는 초라한 건물에 가두고는 입고 온 옷과 가지고 온 돈까지, 최악의 경우 인간으로서의 존엄성까지 다 빼앗는다. 물론 우리도 무섭다. 우리도 언젠가 인생의 마지막을 바로 그곳에서 보내야 한다는 두려움이다. 펠릭스 미터러(오스트리아 출신의 독일 배우이자 극작가―옮긴이)의 연극 〈시베리아〉의 첫 부분처럼.

"간병! 무슨 간병! 이게 무슨 간병이야! 먹이고 씻기고! 이게 간병이야! 이 따위 것 필요 없어. 이 따위 것 필요 없어. 난 잘못 왔어. 내 말 알아들었어? 이 따위 간병 필요 없다니까. 이런 시베리아는 필요 없어…… 그들은 날 어린아이로 만들었어. 나한테 기저귀를 채웠어. 손발을 묶어 침대에 뉘어 놓고 기저귀를 채우지. 그게 어떤 건지 상상이나 할 수 있어? 아니, 넌 상상도 못할 거야. 하지만 어차피 너하고는 상관없는 일 아냐?"

노인들을 찾아뵐 때마다, 전화 통화를 할 때마다 양심의 가책은 더해진다. 그 모든 고민이 아주 간단하게 해결될 수 있다면 얼마나 좋을까? 광고에서처럼 말이다. 몇 년 전 극장에서 보았던 한 초콜릿 광고에는 인디언 노인이 등장한다. 노인은 부족의 관습대로 길을 떠난다. 젊은이들에게 짐이 되지 않기 위해 제 발로 마을을 떠나 스스로 목숨을 끊기 위해서이다. 하지만 노인은 벼랑 끝에서 초콜릿을 발견하고, 한 입 베어 먹는 순간 다시 젊음을 되찾아 마을로 돌아간다.

노화의 슬픔

현대는 노화를 막는 방법을 우리 손에 쥐여 주겠노라고 약속한다. 그리고 다행스럽게도 과학기술과 의학의 발전을 통해 이를 현실화시킬 수 있게 되었다. 실제로 주름살 하나 없는 얼굴에 팽팽한 근육으로 젊은 파트너를 옆에 끼고 전 세계를 돌아다니며 골프를 치는 노인들도 있다. 하지만 이런 행복은 잠깐일 뿐이다. 제아무리 젊게 살아도, 의학이 제아무리 생명을 연장시킬 수 있다 해도 결국 그것은 유예에 불과하기 때문이다. 할 수 있는 한 사람들은 모두 이 유예 기간 연장 투쟁에 수단과 방법을 총동원한다. 그것은 필립 로스의 멋진 소설『에브리맨』의 표현대로 무자비한 투쟁이다. 그것도 과거의 투쟁 정신을 불러오기에 가장 허약하고 가장 나쁜 상황에서 벌이는.

필립 로스가 바라보는 노화는 낭만적인 것이 아니다. 노화는 느리지만 멈추지 않는 몰락의 과정이다. 간혹 수술로 중단되기도 하지만 날로 심해지는 고독의 천형을 받는 과정이다. 살면서 지은 죄를 하나도 남김 없이 속죄해야 하기 때문이다. 소설의 남성 주인공의 경우 자신보다 스물다섯 살이나 어린 '뇌 없는 모델' 때문에 사려 깊고, 성숙하고, 헌신적이었던 아내와 귀여운 딸을 버린 것이 그 죄이다.

"난 어쩌라고요?"

중요한 수술을 앞두고 수술실로 들어가기 전 그의 생각 없는 젊은 아내는 그에게 이렇게 묻는다. 아내의 이 말에도 불구하고 그는 다시

한 번 죽음의 손길에서 비켜난다. 하지만 힘든 수술 끝이라 회복은 더디기만 하고, 담당 의사는 그에게 그를 찾아오는 젊은 여자가 아내냐고 묻는다. 그가 그렇다고 대답하자 의사는 퇴원을 허락하지 않는다. '그의 생명을 보호하기 위한 처사'라고 하면서 말이다. '늙는다는 건 아름답지 않다.'『에브리맨』의 내용은 이 한마디로 요약될 수 있겠다. 우디 앨런이 이미 오래전에 깨달았던 사실처럼. "죽는 게 두렵지는 않다. 그저 그 자리에 있고 싶지 않을 뿐이다."

내가 아는 한 여성 구급의는 몇 년 전부터 함부르크의 노인복지시설들에 불려 다닌다. 54세로 벌써 20년째 이 일을 해 온 그녀지만 지금도 자신의 목격담을 전할 때면 자주 울음을 터뜨린다. 목격한 상황이 너무 참담하기 때문이다. 지난밤에도 한 시설에서 여성 노인 환자 때문에 그녀를 불렀다고 했다. 가 보니 환자는 숨을 헐떡이고 있었는데, 도무지 진찰을 할 수가 없었다. 수면제에 얼마나 취했는지 간호사 두 명이 아무리 흔들어 깨워도 정신을 못 차릴 정도였다. 그뿐이 아니다. 복지시설의 노인들을 진료하기 힘든 이유는 그곳에 근무하는 직원들이 노인의 병에 대해 아는 바가 없고 설사 있다 해도 의사에게 의료 기록을 제공하지 않기 때문이다.

기력이 너무 없어서 기침도 할 수 없는 환자는 규칙적으로 가래를 제거해 주어야 한다. 안 그러면 폐렴에 걸리거나 질식사할 위험이 높다. 사실 이 정도는 노인 간병인이라면 기본 숙지 사항이다. 하지만 내가 아는 그 여성 구급의는 흡입기를 늘 들고 다닌다. 복지시설에 가 보면 흡입기가 아예 없거나 쓸 수 없는 수준의 낡은 기계가 대부분이기 때문이다. 때론 그냥 방치한 환자의 목에서 가래 끓는 소리가 바깥 복도까지 들리기도 한다. 의식이 없는 환자의 일그러진 얼굴 표정이 안면 마비나 뇌졸중의 결과라고 생각하기 쉽지만 누가 알겠는가. 간병인 마음대로 용량을 정하는 신경 안정제 때문인지.

독일 연방 의회의 「제4차 노인 처우에 관한 보고서」에 기록된 노인 복지시설의 온갖 만행은 읽는 이에게 큰 충격을 안겨 준다. 기저귀를 아끼기 위해 물을 주지 않고 밥을 안 주고, 상처가 나도 방치하고, 아예 기저귀를 갈아 주지도 않으며 '인력 절감 차원에서' 진정제를 투여하고 '저항을 막기 위해' 폭력을 행사한다고 하니 말이다. 그래도 1년 전 「3차 보고서」에서 똑같은 내용을 읽었을 때보다는 충격이 덜하다. 세상만사는 익숙해지는 법이므로.

단 한 줄의 글귀만으로도 읽는 이는 하루 종일 속이 쓰리다. 보고서엔 '자세를 자주 바꾸어 주지 않는다'는 구절이 있다. 노인들의 사정을 잘 모르는 사람들은 이 말이 얼마나 끔찍한 만행을 묘사한 표현인지 짐작할 수 없다. 복지시설에 수용된 대부분의 환자들은 뇌졸중 환자다. 뇌졸중의 가장 흔한 증상은 신체 마비, 특히 반신 마비와 언어 능력 상실이다. 그런데 그 마비된 몸을 잘못 누이게 되면 심한 통증이 일 수 있다. 예를 들어 어깨판에서 상박골이 빠져나와 주변 조직을 찌르는 것이다. 하지만 환자는 자신의 고통을 말로 표현할 수가 없다. 따라서 '자세를 자주 바꾸어 주지 않는다'는 말은 속수무책인 한 인간에게 엄청난 고통을 안겨 준다는 의미인 것이다.

독일에서 일어난 가장 유명한 연쇄살인 사건 중 하나는 남부 바이에른 주 '존트호펜의 간호사' 재판을 통해 세상에 알려졌다. 존트호펜의 한 병원 간호사로 일하던 범인은 2003년 2월 2일에서 2004년 7월 10일까지 병원에 입원한 총 29명의 환자, 그러니까 40세에서 94세 사이의 남성 12명과 여성 17명을 살해했고, 법원은 그 '죽음의 간병인'에게 종신형을 선고했다. 오스트리아의 라인츠 양로원도 1991년 '죽음의 간호사'로 불린 네 명의 간호사 덕분에 비극적인 유명세를 탔다. 빈의 양로원들에선 잊을 만하면 한 번씩 이런 충격적인 소식이 들려온다. 하지만 문제 해결에 적극 나서야 할 정부는 사실을 부인하기에 급급하고, 야당 또한 자신들의 정치적 목적을 위해 사건을 이용할 뿐이다.

신문의 머리기사 감을 제공하는 이런 범죄 사건이 아니더라도 노인을 대상으로 한 범죄들은 공공연한 비밀이다. 무엇보다 간병인에게 전적으로 생활을 의존할 수밖에 없는 만성질환 환자들이 이런 범죄의 제물이 되기 쉽다. 특히 보호해 줄 가족이 없는 경우 범행이 저질러졌다 해도 발각되지 않는 경우가 대부분이다. 환자가 직접 경찰을 부를 수도, 법원에 소장을 제출할 수도 없으니 말이다. 2000년부터 노인복지시설의 60퍼센트 이상을 차지하는 치매 환자들은 간병 시설이나 간병 인력의 홀대에 더욱더 무력하다. 이렇듯 노인복지시설의 문제점은 실로 심각하지만, 우리 사회는 그곳에서 일어나고 있는 온갖 일들을 그저 쉬쉬하며 외면하고 싶어 할 뿐이다.

우리보다 생활수준이 훨씬 낮은 나라들을 가 보아도 노인들이 우리 사회처럼 존중받지 못하는 곳은 어디에도 없다. 따라서 문제는 의학 기술의 수준이 아니다. 의학 기술이라면 우리가 훨씬 앞서 있으니 말이다. 문제는 노인의 사회적 지위, 인간적 존엄성이다. 시몬 드 보부아르는 이런 질문을 던졌다.

"한 인간이 늙어서도 인간으로 남을 수 있으려면 그 사회는 어떤 모습이어야 할까?"

그리고 이런 대답을 던졌다.

"대답은 간단하다. 늙어도 여전히 인간으로 취급해야 한다."

왜 노인들이 죽음을 택하는가

81세의 노인이 응급실로 실려 온다. 칼로 양쪽 손목을 그었다. 정신을 차린 그는 응급실 의사에게 말한다.

"선생님, 전 늙은 군인입니다. 그래서 아무리 해도 안 되면 끝을 내야 한다는 걸 누구보다 잘 알지요."

그날 아침 그는 시계가 안 보인다는 사실을 확인했다. 시력이 급속히 떨어지고 있었지만 시계마저 안 보인다는 사실은 엄청난 충격이 아닐 수 없었다. 한마디로 이제 '쓸모없는 폐기물'이 되었다는 의미였다.

그동안 그는 그 사실을 누구에게도 말하지 않았다. 의사에게도 말하지 않았다. 누구한테건 '징징거리고' 싶지 않았기 때문이었다.

10대 청소년의 자살 소식을 들으면 언짢고 화가 나지만 90대 노인의 자살 소식은 죄책감을 불러일으킨다. 하지만 마음 한편에선 이해할 수 있다는 생각도 든다. 자살은 노인현상이다. 독일에선 연간 1만 1천 명에서 1만 3천 명이 자살을 하고 그중 40퍼센트가 60세 이상의 노인이다. 그런데 나이가 들수록 자살 시도의 정확도가 놀랄 만큼 높아진다. 젊은이들의 자살 성공률은 30~50퍼센트 정도지만 85세 이상의 노인들은 그야말로 성공률 100퍼센트를 자랑한다. 그리고 대부분이 죽음의 장소로 시설보다는 집을 택한다. 남성들은 목을 매고 여성들은 약을 먹거나 높은 곳에서 뛰어내리거나 달리는 기차에 몸을 던지는 방법을 선호한다. 함부르크의 정신과 의사인 파울 괴체는 노인 자살의 특징으로 '단호함과 틀림없는 방법'을 꼽는다. 자살에도 나이의 필적이 묻어난다면서.

세상 모든 노인들이 질병이나 외로움 때문에 스스로 목숨을 끊는다면 자살률은 급속도로 치솟을 것이다. 죽음이 찾아올 때까지 기다리는 노인과 폭력적인 방법으로 생을 마감하는 노인은 종이 한 장 차이다. 다시 말해 아주 사소한 사건도 자살의 계기가 될 수 있다. 앞에서 시계가 안 보인다고 자살을 시도했던 노인처럼 말이다. 비극은 당사자들 스스로가 그것이 아주 사소한 일이라는 것을 깨닫지 못한다는 데 있다.

노인들이 자살에 특히 더 취약한 이유는 그들이 절대로 정신과를 찾지 않기 때문이기도 하다. 그들 세대의 머릿속에선 정신과는 '미친 사람'들이나 가는 곳이다. 그래서 증상이 너무 심해 견딜 수가 없게 되면 대부분이 일반 병원을 찾아간다. 하지만 일반 병원의 의사들은 두통, 위통, 온몸의 쑤심, 어지럼증, 시력 약화 같은 증상들을 신체적 문제에 따른 결과로 볼 뿐 정신적 원인을 찾으려 하지 않는다. 그러니 증상에 따른 약품을 처방해 줄 수는 있지만 눈에 보이지 않는 정신적 원인을 찾아내지는 못한다. 파울 괴체의 말을 들어 보자.

"대부분의 개업의는 신체적 증상을 치료하는 의사들입니다. 정신적 문제는 부차적인 문제로 취급하지요." 결국 이 환자들이 다시 세상과 만나는 곳은 자살 통계 보고서인 것이다.

서구 사회에서 노화와 죽음은 완전히 배제된 분야이다. 품위 있는 노화는 그저 아름다운 꿈으로 남아 있다. 필요한 수단이 없는 꿈은 망상에 불과하기 때문이다. 노인복지시설에 가면 모두가 고함을 지른다. 그곳의 몇 사람이 귀가 잘 안 들리기 때문이다. 하지만 모든 노인이 귀가 안 들리는 건 아니다. 연령대가 같다고 해서 모든 사람이 똑같지 않듯 노인들이라고 해서 다 똑같은 건 아니다. 우리가 노인들을 몰아가는 기나긴 길의 끝엔 시설에서 쓸쓸하게 보내는 말년, 웃음기 없는 얼굴, 가장 은밀한 부분까지 공개할 수밖에 없는 망가진 몸, 그리고 최악의 경우 자살이 서 있다. 이 길은 우리의 무관심으로 시작한다. 무관심에서 시작하여 노인들을 위해 시간을 내지 않는 것, 그들의 인생 경혐에 대한 무시를 거쳐 임종자리에서 끝난다. 하지만 노인들이 없다면 우리 인생은 어떻게 될까?

할아버지는 나의 내 첫 친구였어요

오랜 세월 동안 할아버지들은 자라나는 아이들의 가장 중요한 남성 보호자였다. 시간이 많다 보니 옛날이야기도 들려주고 연도 만들어 주고 손자들을 데리고 산책을 다니기도 했다. 우리 할아버지도 다르지 않았다. 내 생일 때마다 잊지 않고 10실링을 손에 쥐어 주시던 할아버지는 말기 암으로 라인츠 노인복지시설에 들어가셨을 때도 간호사들 몰래 담배를 피우셨다. 마지막으로 찾아뵙던 날, 곧 퇴원해서 내 장난감 자동차를 고쳐 주시겠다며 자동차에 문제가 생기면 즉각 전화하라고 말씀하시던 그 모습을 나는 지금도 잊지 못한다. 요즘도 나는 기분이 우울하면 3인조 음악 그룹 STS의 노래 '에버그린'을 혼자서 흥얼거린다.

"할아버지, 커피 마시러 내려오시지 않을래요? 할아버지, 이제야 깨닫게 된 많은 것들을 들려드리고 싶어요. 할아버지는 나의 첫 친구였어요. 절대 할아버지를 잊지 못할 거예요……."

또 할머니가 안 계셨다면 내 어린 시절은 어땠을까? 누가 바쁜 엄마 아빠를 대신하여 내 근심과 고민을 들어주었을까? 누가 제2차 세계대전의 참상을 이야기해 주며 평화가 얼마나 고마운 것인지를 가르쳐 주었겠는가? 할머니는 내가 태어나자마자 예금통장을 만들어 매달 20 실링씩 저금을 해 두셨다가 내 대학 입학금을 내 주셨다. 그리고 내가 박사학위를 따기 며칠 전 복지시설에서 돌아가셨다. 몇 년 후 큰 스캔들로 결국 문을 닫게 된 복지시설이었다.

우리를 기다리는 세상은 아버지 없는 사회일 뿐 아니라 할아버지도 없는 사회이다. 아버지가 자식과 함께 살지 않게 됨으로써 세대의 간극은 30년 이상 벌어졌다. 예전엔 할아버지, 할머니를 모시고 온 가족이 소풍을 가는 풍경이 낯선 것이 아니었건만 현대인의 여가 생활에서 그런 대가족의 이동은 거의 불가능에 가깝다. 아이들과 노인들은 같은 도시에 살면서도 외로움에 고통받는다.

우리는 자식이나 애완동물에게 투자하는 시간의 몇 퍼센트를 부모에게 쏟고 있는가?

알렉산더의 어머니는 오스트리아에서 가장 높은 산인 그로스글로크너 산에 가 보고 싶어 했다. 기회 있을 때마다 아들에게 그 소망을 이야기했고, 그럴 때마다 아들은 꼭 어머니를 모시고 가겠노라고 약속했다. 큰 차에 어머니를 태워서 산길을 오른 다음 정상에 있는 레스토랑에서 아름다운 풍광을 감상하며 어머니와 점심을 먹을 거라고 말이다. 하지만 너무 바빠서 시간을 낼 수가 없었다. 회사가 아주 중요한 시기였으니 말이다. 어머니는 당연히 아들의 마음을 이해했고 아들에게 부담을 주지 않으려 노력했다. 한번은 실제로 어머니를 모시고 산에 갈 계획을 세운 적도 있었다. 하지만 계산을 해 보니 가는 데만 4시간이요 산에 올라가 밥을 먹고 돌아오려면 하루가 꼬박 걸릴 것 같았다. 바쁜 비즈니스맨에게 하루 종일 시간을 낸다는 게 쉬운 일은 아니었다. 더구나 날씨가 갑자기 돌변해서 감상은커녕 괜히 고생만 하다 올 가능성도 높았다. 그렇게 몇 년이 흘렀고 어머니는 점점 더 걷기가 힘들어졌다. 그로스글로크너 산을 입에 올리는 횟수도 점점 줄어들었다. 그러다 돌아가시기 직전 어머니는 마지막으로 그 산에 가고 싶다는 말씀을 하셨다. 어머니가 돌아가신 후 알렉산더는 그로스글로크너 산 근처에 갈 때마다 마음이 좋지 않았다. 누가 대화 중에 그 산 이름을 꺼내기만 해도 괜히 죄 지은 사람처럼 가슴이 콩닥거렸다.

살던 대로 죽는다

빈의 렌베크에 자리한 카리타스 소시알리스 호스피스에선 환자들의 마지막 소원을 아주 중요하게 생각한다. 덕분에 57세의 한 여성 환자는 가족과 함께 도나우의 온천에 다녀왔다. 다른 사람들에겐 그저 그런 온천에 불과하겠지만 그녀에겐 추억이 많은 장소였기 때문이었다. 그리고 비록 휠체어에 의지한 몸이었지만 온천에서 가족과 오랜만에 즐거운 시간을 보내며 소원이던 사과 케이크도 나눠 먹었다.

내가 그 호스피스를 찾은 이유는 궁금하던 질문의 대답을 찾기 위해서였다. 삶이 얼마 남지 않았다는 사실을 알게 된 사람들은 살아오면서 받은 상처를 어떻게 처리할까? 삶이 종착지에 이르면 용서하기가 더 수월해질까? 그것이 궁금하던 차였다.

사람들은 죽음 역시 지금까지의 삶과 다름없이 대한다. '살던 대로 죽는다.' 그것이 그곳 간호사, 의사들과의 대화를 통해 내가 얻은 깨달음이었다. 소파에 누워 리모컨을 손에 들고 TV만 쳐다보던 사람은 역시나 무감각하게 꾸벅꾸벅 졸다가 죽음을 맞이한다. 늘 투쟁적이던 사람은 끝까지 죽음과 맞서 싸운다. 매사 시큰둥하던 사람은 죽음이 임박해도 별 변화가 없고, 매사를 느긋하게 받아들이며 평화롭게 살던 사람들은 죽음도 쉽사리 받아들인다.

99세의 프리데리케는 '마음 놓고 죽을 장소'를 찾아 자발적으로 이곳 호스피스로 들어왔다. 자신의 지난 인생에 만족하지만 이제는 가야 할 때가 되었다고 생각했기 때문이었다. 죽기 이틀 전까지도 그녀는 빈 슈니첼(오스트리아 명물인 송아지 고기 커틀릿—옮긴이)을 먹으면서 조심스럽게 튀김 껍질을 벗겨 냈다. 튀긴 건 몸에 해롭다고 하면서 말이다. 원초적 신뢰는 인생을 사는 방법은 물론 인생과 작별하는 방법까지도 결정한다. 인생을 자기 뜻대로 산다고 생각하는 사람들이 있는가 하면, 운명의 손에 휘둘리며 마지못해 산다고 생각하는 사람들이 있다. 이런 생각의 차이는 죽음을 맞이하는 태도에도 그대로 반영된다.

"마지막 순간 자신의 인생을 후회하는 사람들이 있습니다. '한 번도 원하는 인생을 살아 본 적이 없어. 자식들한테 모든 걸 바쳤지. 그런데도 이렇게 빈손이니.' 이렇게 한탄하면서 말이지요. 또 40년 동안 불행한 결혼 생활을 하면서도 과감하게 새 출발에 도전하지 못했던 사람들도 있습니다. 그런 후회의 심정이라면 이 세상을 떠나기가 힘들지 않겠습니까?"

카리타스 소시알리스 호스피스의 원장 안드레아 슈바르츠의 말이다.

"이곳에서 일하면서 얻은 가장 큰 깨달음은 할 수 있을 때 충만하게 살라는 겁니다."

그녀는 11년 동안 2,200명의 마지막 여정에 동반자가 되어 주었다. 따라서 내 눈에 비친 그녀는 삶의 전문가이다. 인간의 삶에 관한 한 그 무엇도 그녀에게 낯설지 않다.

"어떻게 견디세요?"

그녀는 그런 질문을 많이 받는다. 그럴 때마다 이렇게 대답한다.

"오히려 환자들에게서 더 많은 것을 받습니다. 그게 우리의 양식이지요. 해마다 아내의 기일에 장미꽃 한 송이를 들고 우리 호스피스로 오는 할아버지도 계시죠."

렌베크의 카리타스 소시알리스 호스피스는 인간의 마지막 길을 어떻게 품위 있게 배웅할 수 있는가를 가르쳐 주는 좋은 실례이다. 인생의 마지막 순간, 의학의 '기술'과 인간적인 '감성'이 충돌하지 않을 수 있다는 사실을 보여 주는 좋은 실례인 것이다.

분명 가족이 있는데도 아무도 찾아오는 이가 없는 환자들도 많다. 그중에는 환자가 가족에게 보고 싶다는 뜻을 전달했는데도 끝까지 얼굴을 보이지 않는 경우도 있다. 하지만 반대로 긍정적인 사례들도 적지 않다. 폐암 환자이던 55세의 한 남성은 오래전에 아내와 이혼하고 딸하고도 거의 왕래가 없었다. 하지만 간호사의 설득을 받아들여 딸과 아내에게 소식을 전했고, 그가 이제 얼마 살지 못한다는 사실을 알게 된 아내는 그에게 재결합을 제안했다. 호스피스 병원에서 열린 재혼식은 모두가 행복한 시간이었다. 두 사람은 가슴에 남아 있던 상처를 말끔히 씻어 냈고, 남자는 평화롭게 숨을 거두었다.

오랫동안 만나지 않았던 자식들이 모두 달려와 아버지의 마지막 길을 배웅한 경우도 있었다. 네 자녀 중 둘은 마지막 며칠 동안엔 병실에서 밤을 새우며 아버지의 곁을 지키기도 했다. 이들 모두의 관심사는 죽기 전에 화해를 하는 것이다. 마지막 만남의 내용이나 깊이는 중요하지 않다. 중요한 건 '널 사랑한다'는 메시지이다.

인생의 마지막 시기엔 서로 모순된 아주 다양한 감정들이 공존한다. 특히 가장 큰 문제는 자율성의 상실이다. 암에다 반신불수까지 겹친다면 누구라도 '내가 죽을 때까지 이렇게 자리보전하고 누워 있어야 하나?'라는 고민에 빠질 것이다. 의사의 입장에선 환자가 물어 보면 솔직한 대답을 해 주어야겠지만 묻지 않는다면 알고 싶지 않다는 뜻이니 굳이 말해 줄 이유가 없다.

안락사를 원한다는 환자의 요청을 받을 때 의사들은 과연 그 껄끄러운 요구에 어떻게 대처할까? 카리타스 소시알리스 호스피스의 의사 안네테 헨리는 이렇게 대답했다.

"환자가 그런 요구를 하면 일단 죽고 싶다는 생각이 들 만큼 괴로운 이유가 무엇인지부터 묻습니다. 환자가 대답을 하면 함께 힘을 합하여 개선 방안을 모색하지요. 그래도 환자가 계속 고집을 부리면 저는 환자에게 되묻습니다. 누가 안락사를 시켜 달라고 하면 과연 시켜 주겠느냐고요. 그럼 다들 못하겠다고 하지요."

마지막 인사

카를과 하이디는 아주 젊을 적 섣달 그믐에 제야의 종소리를 들으며 만나 50년을 함께 살았던 부부였다. 어느 날 하이디는 자신이 불치병에 걸렸다는 사실을 알게 되었다. 그리고 얼마 못 가 반신불수 상태가 되었다. 호스피스 병원에 입원을 하고 남은 얼마 안 되는 기간 동안 남편은 한시도 아내 곁을 떠나지 않았고, 아내와 함께 앨범을 뒤적이며 지난 시절을 추억하였다. 아내는 남편에게 여러 차례 자기가 죽으면 새장가를 가라고 말했다. 사랑하는 남편이 고독하게 말년을 보낸다면 죽어서도 자신은 마음이 편치 않을 것이라고 말이다. 하이디는 요리를 좋아해서 유언장 삼아 손수 요리 책을 만들었다. 마침 남편이 자리를 비운 사이 호흡이 가빠지면서 곧 숨이 끊어질 것 같다는 생각이 들자 하이디는 의사를 불러 사랑하는 남편에게 전할 마지막 인사를 적고 싶지만 기력이 없으니 대신 받아 적어 달라고 부탁했다.

"함께 살아 줘서 고마워요. 사랑해요."

그 말을 남기고 그녀는 숨을 거두었다. 요리 책을 건네받은 남편은 아내의 필체가 아닌 글씨를 발견하고 연유를 물었다. 그리고 말했다.

"한 번만 더 들려주십시오. 아내의 마지막 순간을 다시 한 번 듣고 싶습니다."

호스피스의 의사 안네테 헨리는 이렇게 말했다.

"이 두 사람을 지켜보면서 저는 그들이야말로 최고의 인생 기술자가 아닌가 생각했습니다."

서양 문화는 생과 사를 전혀 별개의 범주로 묶는다. 하지만 우리의 삶을 들여다보면 생과 사가 다른 것이 아니다. 인간의 세포는 평균 7년을 산다고 한다. 그 말은 70년을 산다고 하면 평생 10번이나 전혀 다른 인간이 된다는 뜻이다. 자아가 있지 않느냐고, 그것이 유한성에 대항하는 무기가 아니냐고 반발하는 사람들도 있겠지만 유명한 최면 치료가 밀턴 에릭슨은 인생의 마지막 시기를 자신의 삶과 화해하는 과정에 바쳐야 한다고 말했다. 우리 모두가 언젠가는 죽을 것이란 걸 잘 알면서도 우리 사회는 노화와 죽음이라는 주제에 별 관심을 가지지 않는다. 누구나 마지막 길은 혼자 갈 수밖에 없다. 그 홀로 가는 길에 헤르만 헤세의 아름다운 시 구절을 가슴에 담고 갈 수 있다면 그보다 좋은 일은 없을 듯하다.

그러면 임종의 순간에도

여전히 새로운 공간을 향해 즐겁게 출발하리라.

우리를 부르는 생의 외침은 결코

그치는 일 없으리……

그러면 좋다, 마음이여,

작별을 고하고 건강하여라.

자기계발과 여행도
답은 아니다

"많은 사람들이 술 취한 사람이 집을 찾듯 행복을 찾는다. 행복을 발견할 수는 없지만 행복이 존재한다는 건 알고 있다."

―볼테르

상처를 입으면, 패배를 당하면, 이별을 하거나 중병이 들면 우리는 인생의 의미와 방향을 찾는다. 그리고 역사 이래 인간 사회엔 다른 사회 구성원들보다 많은 것을 아는 사람들이 있었다. 샤먼, 예언자, 마법사, 사제, 연금술사, 승려, 철학자, 자연과학자, 그리고 각종 구루 등, 우주와 인간 영혼의 법칙을 해독하기 위해 노력한 사람들이었다.

그러니 교회나 사원에서 사제나 승려를 아주 깐깐하게 뽑아서 장기간 공부와 훈련을 시킨 데는 다 그럴 만한 이유가 있었다. 거꾸로 제자가 올바른 스승을 찾는 데도 많은 시간이 걸렸다. 설사 스승을 찾았다고 해도 스승은 제자의 진심을 시험하기 위해 제자로 받아 달라는 청을 단칼에 거절했다. 구루는 원래가 '소중한 스승'이란 뜻이다.

요즘은 스승을 찾기가 훨씬 수월하다. 당연히 거절당하는 일도 없다. 인생 자문, 심리치료사, 컨설턴트들의 생존경쟁이 아주 치열한 덕분이다. 다만 그사이 등장한 많은 구루들이 피터 드러커의 정의에 딱 맞아떨어진다는 사실이 안타까울 뿐이다. 피터 드러커는 사람들이 '스승(guru)'에 대해 즐겨 이야기하는 이유는 '야바위꾼(charlatan)'이라는 단어가 너무 길고 또 대부분이 정확한 철자를 모르기 때문이라고 말했다. 그 덕분인지 사제와 현자는 DIY(Do it yourself) 강사로 대체되고 말았다. 인기 폭발인 자아실현 강좌들은 치유와 자기 발견이라는 개념을 가구점에서 상품을 팔듯 팔아치우고 있다. '부가가치세가 포함된 속성 득도' 프로그램이라고나 할까?

우리는 행복과 치유의 지름길을 찾고 있다. 수요가 있는 곳엔 공급도 있는 법, 변화의 욕구가 진심인지 테스트 받을 필요도 없는 제자들에겐 속성 코스에서 길러 낸 '생각대로 해 봐' 식 인생 자문이나 자기 학설에만 집착하는 의사들이 대기하고 있다. 경험 많은 인간 영혼의 전문가들과 잘난 척하기 바쁜 구루의 차이점을 알아내기란 거의 불가능에 가깝고 그 경계 또한 모호하기 이를 데 없다. 더구나 제아무리 고상한 교양과 교육도 괴상한 처방에 흔쾌히 몸을 맡기는 인간을 제

지하지는 못한다. 다른 방법은 모르기에 단 한 가지 방법만 신뢰하는 이들 야바위꾼들이야말로 5단계 욕구 이론의 창시자인 에이브러햄 매슬로의 다음 명언이 딱 들어맞는 인간들이다. "수중의 유일한 도구가 망치라면 모든 문제를 못으로 보려 할 것이다." 그러니 이 '전문가들'이 자신의 '환자들'에게 무조건 쾅쾅 못부터 박을 것은 불 보듯 뻔한 법!

인성 세미나의 한계

곧 100억에 육박할 이 지구의 주민들에게 개별 심리 치료나 향정신성 의약품의 섭취가 진정한 해결책이 될 수는 없다. 하지만 누구에게나 전문가의 도움 없이는 혼자서 해결할 수 없는 상황이 있을 수 있다는 사실을 인정하는 것은 무척 중요하다. 그렇게 되면 어떤 길도 경험 많은 전문의를 지나치지 않을 테니 말이다. 전문가가 일정 기간 동안 의약품의 도움이 필수적이라는 결론을 내리면 우리는 그의 지시대로 약을 먹어야 한다. 몇 주 동안 괴로움에 잠 못 이루는 밤을 보내고 허깨비처럼 사는 것보다는 약을 먹는 편이 몸에도 부담이 훨씬 덜하다. 훌륭한 의사라면 고통의 원인을 파악할 수 있는 길도 가르쳐 줄 것이다. 어쨌든 좋은 의사라면 환자가 최대한 빨리 다시 일상생활을 할 수 있도록 최선을 다할 것이다.

필요한 직장 경험은 물론 다양한 테크닉까지 갖춘 전문가들의 인성 세미나는 정신이 건강한 사람들에게는 아주 소중한 자기 발전의 밑거름이 될 수 있다. 위기를 겪은 후 인생의 방향을 재정립하는 데 그런 코치와 인생 자문들이 큰 도움을 줄 수 있기 때문이다. 하지만 수강생들이 심각한 정신적 고통을 겪고 있거나 심각한 트라우마를 지녔다면 코치들도 부담이 이만저만이 아니다. 따라서 부담스럽다는 사실을 자신은 물론 환자들에게 고백해야 한다. 나의 경우 그런 고백이 오히려 서로에게 도움이 될뿐더러 꼭 필요한 과정이라고 생각한다. 하지만 아쉽게도 이 분야에선 자만이 넘쳐 난다. 제 인생도 제대로 추스르지 못하면서 남을 돕겠다고 설치는 인간이 한둘이 아니다.

"네 자신에게 가장 필요한 것을 가르쳐라."

미국 최고의 세미나 센터 중 한 곳의 강사실 벽엔 이런 경고문이 붙어 있다고 한다.

마침 당신이 지금 NLP 프렉티셔너 과정에 등록했는데 트레이너가 감격에 겨워서 몇 년 동안 비둘기 공포증에 시달리던 한 여성이 집중 심리 치료를 받고도 낫지를 않았는데 단 몇 분 만에 공포증에서 해방되었노라고 입에 침을 튀기며 떠든다면 될 수 있는 대로 얼른 그 자리를 떠나는 게 좋다. 물론 환불받는 것도 잊지 말고! 이 사례야말로 NLP 초급 과정 교과서의 첫 페이지에서 상세하게 설명하는 사례로, 전체 교리의 아이콘으로 꼽히고 있다. 트레이너가 그 사례를 마치 자신의 경험담인 양 떠들어 댄다면 그는 100퍼센트 그 분야의 도인이 아니다. NLP란 신경언어 프로그래밍(Neuro-Linguistische Programmierung)의 약자로 지난 몇 년간 인성 트레이닝 시장에서 아주 인기를 누리고 있는 방법들 중 하나다.

나의 NLP 경험은 독일어권에서 가장 잘나간다는 강사의 2주 과정 프로그램이 처음이었다. 준비도 나무랄 데 없는 데다 존 그린더와 리처드 브랜들러의 독창적인 개념을 아주 쉬운 말로 조리 있게 전달해 준 강사 덕분에 그 2주 동안 나는 정말로 많은 것을 배웠고 또 말할 수 없이 흥겨웠다. 특히 잊지 못할 사건은 6단계 메타 재프레임화 어쩌고 하던 복잡한 과정에 결국 정신이 나간 고등학교 교사가 황홀경에 빠진 나의 '영혼'을 수술하다가 완전히 포기하고 손수건을 던졌던 순간이다. 지난 봄 체케(유럽 숲에 서식하는 흡혈곤충으로 뇌막염을 일으킬 수 있다—옮긴이)에 물리고 난 후 뇌막염 예방접종을 하지 않고서 체케와의 대화를 통해 체케에게 그녀를 보호해 달라고 설득한 과정을 아주 상세하게 설명하던 게르티 역시 잊기 힘든 인물일 것이다. 그날 이후 세미나에 참석한 우리들은 "네가 직접 치유하지 않으면 게르티가 치유할 거야."라는 농담을 주고받았다. 물론 마지막 날 밤 관객들을 황홀경에 빠뜨리려 애썼지만 모두들 시간이 갈수록 눈이 더 초롱초롱해지는 통에 어쩔 줄 몰라 하던 쿠르트가 단연 압권이었지만 말이다.

2006년 두 번째로 NLP를 접할 기회가 왔다. 이번에는 NLP의 창립자인 존 그린더를 직접 만났고 그는 당시 나의 프로젝트에 아주 큰 도움을 주었다. 나는 존의 반짝이는 아이디어와 유머에 깊은 인상을 받았고 NLP의 성공은 뛰어난 내용이 아니라 천재적인 창립자 때문이라는 사실도 알게 되었다. NLP를 경험 많은 트레이너에게 배울 경우 자신의 문제를 새로운 시각으로 바라볼 수 있는 좋은 기회가 될 수 있다. 하지만 보편철학인 양 포장하거나 DIY 식 치유 방법으로 자신을 팔아먹을 궁리를 하는 순간 NLP는 실패의 길을 걸을 수밖에 없다.

한마디로 말해 NLP의 근본적인 문제는 방법의 품질이 아니다. 그것이 일깨우는 아주 비현실적 기대다. 여러분은 궁금하지 않은가? 이 세미나를 찾았던 그 수십만의 헌신적이고 너무나 긍정적인 인간들은 대체다 어디로 가 버렸단 말인가? 다른 인성 세미나의 경우도 마찬가지다.

요약해 보면 인성 세미나는 정신적으로 건강한 사람들을 위한 프로그램이다. 건강한 사람들에게는 아주 획기적인 자극이 될 수 있고 한번쯤 조용하게 자신을 돌아볼 수 있는 자숙의 시간이 될 수 있다. 하지만 심각한 위기를 겪고 있거나 트라우마로 인해 고통당하는 사람들에게는 적절하지 않다. 세미나는 인성을 바꿀 수도 없고 공포와 고통에서 인간을 해방시킬 수도 없다. 아무 고통 없이 신속하게 상처에서 해방시켜 준다는 교리들은 착각이다. 더 나은 자신으로 가는 길에 축지법이란 있을 수 없다.

카를 크라우스(1874~1936, 오스트리아의 작가. 잡지 「횃불」을 발행하였고 모든 영역의 부패와 타락상을 비판하였으며 언어의 순수성을 보전하고자 하였다. 작품에는 잠언집 『선언과 반론』, 평론집 『만리장성』, 희곡 『인류 최후의 나날』 등이 있다―옮긴이)가 심리 치료에 대해 던진 다음 한마디는 인류를 구하는 유일한 방법을 발견했다고 주장하는 많은 다른 이론들에도 그대로 적용될 수 있을 것이다.

"심리 치료는 스스로가 그것의 치료법이라고 믿는 바로 그 질병이다."

여행에 관하여

상처와 위기를 겪은 후 새로운 방향을 찾는 가장 편한 방법이 여행이라는 주장에 나는 무조건 동의한다. 다만 변화를 꾀하기 위해 여행을 떠날 땐 우리의 모든 문제가 그 여행길의 소중한 동반자라는 사실을 잊지 말아야 한다.

내 경험담을 들려주고 싶다. 열아홉 살이 되던 해부터 나는 티베트로 가서 사원 순례길에 참여하고 싶었다. 그리고 1993년 위기를 겪은 후 오랜 소망을 이루기 위해 티베트로 떠났다. 하지만 티베트에 도착한 후 얻은 첫 번째 깨달음은 히말라야 산중의 희박한 공기를 마시니 평소 느끼던 자신감 결핍과 고독감이 더 강렬해졌다는 사실이었다.

"여행을 통해 현명해지기를 원한다면 자신은 데려가지 말아야 한다." 소크라테스도 그렇게 말했다.

"평생 한 번은 산티아고 길을 걷고 싶다." 독일 코미디언 하페 케르켈링은 많은 독일인들이 가슴속에 품고 있던 소망을 실현하기 위해 길을 떠났다. 그 여정의 결과물인『그 길에서 나를 만나다』는 폭발적인 성공을 거두었다. 저자의 유명세나 글솜씨 때문만이 아니었다. 그의 시도는 한 번쯤 일상을 벗어나 미지의 길을 걸으면서 자아를 발견하고 싶다는 독일인들의 깊은 동경을 대변했기 때문이다. 한마디로 요즘 한창 뜨는 트렌드인 것이다. 그 책의 폭발적 인기에 힘입어 1997년 2만 5,179명이던 순례객은 2007년 11만 4,026명으로 급증했다. 1970년에는 공식적인 순례객 숫자가 68명이었다. 순례 여행은 신성한 목적에 도달하기 위한 일상 세계와의 단절이다. 물론 오늘날에는 종교적 이유에서 순례를 하는 이들은 극히 일부에 불과하지만 순례 여행 역시 여타 여행들과 마찬가지로 혁신의 희망에서 출발한다.

"이 길은 험하고도 놀랍다. 이 길은 도전이요 초대이다. 길은 당신을 지치게 만들고 당신을 비운다. 그리고 다시 당신을 철저하게 재건한다."

약 800킬로미터의 도보 여행을 마치고 하페 케르켈링은 이런 결론을 내린다.

여행의 주된 동기는 일상의 조직을 떠나 더 나은 다른 현실로 발을 들여놓고 싶은 희망이다. 여행은 시간 감각에 방점을 다시 찍고 감각의 날을 세우게 한다. 준비를 하고 새로운 환경에 적응하기 위해선 일상의 의무를 잠시 내려놓아야 하기에 여행은 평소의 마음을 새롭게 바꿀 수 있는 더할 나위 없는 기회가 된다. 하지만 주의하라! 인간은 살던 대로 여행한다! 관광에 목숨을 걸지 않으려면, 거리를 두고 자신의 삶을 바라보면서 새로운 방향과 새로운 길을 찾으려면, 최대한 살던 대로 여행을 해서는 안 된다. 살던 방식과 다른 방식으로 여행을 해야 한다. 너무 바빠서 심신이 지친 경영자에게 2주 일정의 남미 집중 투어가 아무 도움이 안 되듯 고독에 몸부림치는 외로운 사람에게 템플 스테이는 별 의미가 없을 것이다.

강렬한 햇볕이 내리쬐는 스페인에서 트럭들이 마구 달리는 산티아고 길을 하염없이 걷는 이야기를 읽다 보면 실상 특정한 여행의 목적보다는 일상을 떠나고 싶다는 동경이 더 강하다는 결론을 내리게 된다. 하지만 그냥 떠나고 일상에서 벗어나고 싶다는 것만으로는 부족하다.

요약하면, 수천 년 전부터 여행은 변화의 유용한 수단이었다. 하지만 여행을 한다고 해서 문제가 저절로 해결되는 건 아니라는 사실을 인정해야만 여행의 의미를 잘 활용할 수 있다. 때론 주말을 이용해 잠깐 마음의 소리에 귀를 기울이는 것만으로 충분한 경우도 있다. 여행은 우리의 인생과 문제에 거리를 두고 객관적으로 바라볼 수 있도록 도와주지만 정작 새로운 자아를 발견하는 순간은 여행을 마치고 다시 집으로 돌아온 순간일 테니 말이다.

> "20년이 지나면 당신은 당신이 한 일보다는 하지 않은 일들 때문에 더 후회할 것이다. 그러니 닻을 올려 안전한 포구를 떠나라. 돛에 무역풍을 가득 담고 출발하라. 탐험하라. 꿈꾸라. 발견하라!"
>
> —마크 트웨인

철학과 유머로 달래는 영혼의 고통

"오래전부터 나는 일찍 잠자리에 들었다."

마르셀 프루스트의 7권짜리 역작 『잃어버린 시간을 찾아서』는 이런 문장으로 시작한다. 하지만 이 책의 진짜 주제는 '잃어버린 어릴 적 시간을 찾아서'가 아니라 '시간의 낭비와 고통스러운 상실을 찾아서'라고 말하는 편이 더 정확할 것이다. 무엇보다 '모욕과 영혼의 상처를 찾아서'라고 말이다.

마르셀 프루스트는 소음과 진부한 일상을 못 견뎌 했고 따뜻한 방에서도 늘 모피를 두른 채 책상에 앉아 있었으며 평생을 변비 때문에 애를 먹다가 51세에 감기에 걸려 세상을 떠난 인물이었다. 하지만 우리가 상상할 수 있는 모든 사회적, 심리적 상황을 꿰뚫어 볼 수 있는 비범한 통찰력을 타고난 사람이었다. 그런 사람이 불행보다 더 관심을 가질 법한 것은 그리 많지 않았고, 또 그 불행을 프루스트보다 잘 묘사할 수 있는 사람도 많지 않았다.

마음씨 나쁜 창조주가 고통을 주겠다는 놀부 심보로 우리 인간을 세상에 보냈다 해도 아마 우리는 우리의 운명에 아주 잘 적응했을 것이다. 우리는 진정한 고통의 대가들이니 말이다. 실제 우리에겐 슬퍼해야 할 이유가 충분하다. 날로 늙어 가는 육체, 그로 인해 날로 줄어드는 육체적 쾌락, 쉽게 변하는 사랑, 아내와 남편의 외도, 사라진 평생직장의 신화, 그날이 그날인 따분한 일상, 감사할 줄 모르는 자식들, 사

사건건 참견하며 잔소리를 늘어놓는 부모……

이렇게 넘쳐 나는 모욕과 상처 앞에서 우리의 존재를 당장, 완전히 말살시키고 싶은 마음은 충분히 이해할 만하다. 알랭 드 보통의 섬세한 프루스트 입문서『프루스트를 좋아하세요』는 저렴하면서도 재미있고, 무엇보다 세미나나 강좌보다 위험이 덜한 인생 지침서이다. 이 책은 또 유머가 영혼의 고통에 효과가 탁월하고 빠른 치료제라는 사실도 가르쳐 준다. 그리고 무엇보다『잃어버린 시간을 찾아서』에 담긴 130만 개의 단어를 직접 읽어야 하는 수고를 덜어 준다.『잃어버린 시간을 찾아서』제4권에는 종이 띠에다 옮겨 적으면 족히 4미터는 될 법한 긴 문장도 있다니, 이 얼마나 다행스러운 일인가. 걱정 마시라! 그 문장을 여기다 옮겨 적고 싶은 생각은 내게도 없으니.

알랭 드 보통은 매일 우리를 괴롭히는 온갖 문제들을 해결해 줄 일종의 민간요법들을 모아 놓았다. '행복한 사랑을 하는 법', '감정을 표현하는 법', '훌륭하게 고통을 견디는 법', '좋은 친구가 되는 법', '자신을 위한 독서법'은 물론 '책을 치워 버리는 법'까지. 그리고 마지막에 가서는 자신의 제안은 물론 프루스트의 작품까지도 상대화해 버린다.

"독서는 정신적 삶의 문턱 위에 있다. 그것은 우리를 정신적 삶으로 인도할 수 있지만, 정신적 삶을 구성하지는 않는다. 가장 훌륭한 책들조차도 결국에는 내팽개치기 마련이다."

세상에서 가장 오래된 학문, 철학의 세계로 잠깐 이렇게 소풍을 다

녀오니 보다 심오한 진리가 모습을 드러낸다. 괜찮은 책을 읽고, 뭔가 배워 보겠다고 진지한 세미나에 참석하고, 소일거리로 강연회에도 참석하고, 영적인 말씀을 공부하고, 얼굴에 미소를 띤 채 매일 조깅을 하고, 템플 스테이를 하고, 사막 횡단을 하고…… 이 모든 시도들은 살면서 겪게 될 각종 난관에 유용한 대비책이 될 수는 있겠지만 우리의 인격 구조나 우리의 인생 자체를 바꾸지는 못한다. 인격의 결정적 변화는 심각한 위기나 상실을 겪고 난 후에나 일어나는 법이다.

그래도 인류의 오랜 지혜에 귀 기울여 보는 건 언제 어디서나 큰 도움이 된다. 석가모니에서 이그나티우스 로욜라까지, 위대한 그리스 철학자들에서부터 카발라까지, 인격 성장은 평생이 걸리는 탐색의 길임을 가르치고 있으니 말이다.

서구 사상과 동양 철학의 가장 중요한 차이는 목표 도달을 인생의 성공으로 보느냐의 여부이다. 서구적인 성공 신화에는 간단한 공통분모가 있다. "확실한 목표를 세우고 끈기를 가지고 동기를 부여해서 필요한 수단을 투입한다면 못 이룰 일이 없다."

하지만 동양의 스승은 제자에게 이렇게 말한다.

"너는 아무것도 아니다. 네가 할 수 있는 건 아무것도 없다. 넌 전체의 일부일 뿐이다. 부엌으로 가서 쌀이나 씻어라."

서양적 사고는 근본적으로 외적 상황(돈, 권력, 사랑)이 변하면 인생의 만족도가 높아진다고 보지만, 동양적 사고에선 순간의 행복과 그곳으로 가는 길이 중심이다. 물론 모든 사상의 공동 목표는 하나다.

"너 자신을 알라!"

　오랜 세월 연금술사들이 찾았다는 현자의 돌은 금속을 황금으로
바꾸는 비밀을 말한다. 중세 사람들은 돌을 황금으로 바꾸는 신비의
물질이 있다고 믿었던 것이다. 많은 연금술사들은 또 현자의 돌을 만
병통치약이나 불로초로 생각했다. 하지만 화학반응과 화학물질의 성
질에 대한 지식이 늘어나면서 연금술로는 쇠로 금을 만드는 게 불가능
하다는 사실이 밝혀지게 되었다.

　하지만 아무도 모르는 비법이나 처방으로 별 노력 없이 쇠로 금을
만들고 싶은 인간의 욕심은 자연과학이 발달했다고 해서 달라지지 않
는다. 1주일에 20킬로그램을 뺄 수 있다는 다이어트 약, 노화를 중단
시켜 주는 알약, 평범한 인간을 슈퍼스타로 만들어 주는 세미나 등 합
법이거나 불법인 온갖 행복의 약들이 불티나게 팔리고 있으니 말이다.
하룻밤 사이에 병이 싹 낫고 부자가 되고 영원한 젊음을 얻게 해 준다
는 현자의 돌에 대한 믿음은 중세나 지금이나 다를 것이 없다. 그 이
유는 수피즘(이슬람 신비주의 교단―옮긴이)의 지혜에서 들을 수 있다.

　"가짜 금이 존재하는 이유는 세 가지이다.
　인간의 탐욕이 아주 크다.
　인간의 분별력이 아주 작다.
　진짜 황금이 실제로 존재한다."

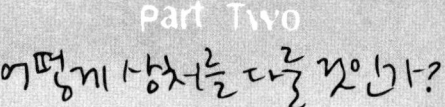

Part Two

어떻게 상처를 다룰 것인가?

8

가장 쓰라린 상처에
가장 커다란 재능이 숨어 있다

모든 이야기는 삶에 대한 주장이다. 그리고 모든 이야기엔 인류의 위대한 깨달음이 녹아 있다. 이 이야기들을 읽으면서 상처에 관해서는 무엇을 배울 수 있을까?

고아 이야기는 영웅 이야기의 원형이다. 고아는 인간의 원초적 상처, 즉 배척당하고 거절당하고 나쁜 일에 이용된 상처의 상징이다. 따라서 바구니에 담겨 버림받았던 구약성서의 모세에서 시작하여, 로마를 세운 건국의 영웅 로물루스와 레무스를 거쳐 올리버 트위스트와 삐삐 롱스타킹에 이르기까지 우리 곁엔 늘 고아 이야기가 있었던 것이다. 현대의 영웅 루크 스카이워커와 해리포터 역시 고아들이고, 심지어 베트맨도 고아이다. 온 세상에서 버림받은 아이는 타고난 능력을 바탕으로 아무도 풀지 못하는 문제를 해결하고 능력을 키워 세상을 정복한다. 이런 이야기들은 우리에게 앞이 안 보이는 상황에서도 다시 상처받을지 모른다는 가장 큰 두려움을 극복할 수 있다는 희망을 안겨 준다.

고아 이야기는 우리에게 위안을 약속한다. 다름 아닌 두려움으로 점철된 이 시대에 말이다. 세계 구호단체 중 가장 성공을 거둔 기구 중 하나가 SOS 어린이 마을이라는 사실은 우연이 아니다.

"고아들에게 부모, 형제자매, 집을 마련해 주어 그 아이들을 우리 사회로 다시 불러들입시다."

이 구호처럼 우리에게 확실히 와 닿는 구호가 몇이나 되겠는가. 우리 모두는 마음 깊은 곳에서 고아 아이들의 고통을 느낀다. 그 이유는 우리 자신이 그 아이들의 특정 면모를 갖고 있기 때문이다. 우리는 이미 혼자라는 느낌을 경험한 바 있다. 세상을 향한 우리의 원초적 신뢰는 흔들린 지 오래이다.

〈스타워즈〉의 6가지 에피소드는 시대를 통틀어 가장 큰 성공을 거둔 영화이다. 〈스타워즈〉는 인류의 집단 무의식에 저장된 주제를 공략하기 때문에 예술적 취향과 상관없이 전 세계 수백만 명의 마음을 사로잡은 획기적인 영화이다. 중요한 역할을 무명 배우에게 맡겼는데도 성공을 거두었다. 〈스타워즈〉는 수많은 다른 동화를 내포하고 있는 한 편의 동화이다.

이야기의 처음엔 한 고아 아이가 있다. 루크 스카이워커는 오래전에 돌아가신 아버지가 제다이 기사단이었다는 사실로 만족하는 고아이다. 첫 번째 에피소드는 무려 30년 전에 선을 보였고 유치한 선악 구도였다. 하지만 새 에피소드가 나올 때마다 이야기는 점점 더 신비의 힘을 발휘했고 등장인물들 역시 점점 심오해졌다. 젊은 영웅으로 전 은하계를 이끌기 위해 태어났지만 두려움 때문에 권력의 어두운 측면에 빠지게 된 아나킨 스카이워커는 분명 영화사에서 가장 복잡한 영웅 중 하나일 것이다. 아나킨은 모든 영웅에게는 현실이 그러하듯이 어두운 측면도 있다는 사실을 보여 준다.

〈스타워즈〉를 만든 천재 조지 루카스에게 유치한 미치광이라는 비난을 해서는 절대 안 된다. 동화, 전설, 신화에 등장하는 원형적 영웅과의 대결은 할리우드뿐 아니라 이 세상 모든 연출가들의 의무 프로그램이기 때문이다. 조셉 캠벨은 카를 융과 더불어 20세기가 낳은 탁월한 신화 연구가로 손꼽힌다. 그는 여러 문화권의 영웅 이야기를 조사하였고 이 모두가 단순한 도식에 따라 짜여 있다는 사실을 밝혀냈다. 따라서 우리가 영웅들에게서 배워야 할 것은 문화와 시대를 초월한다. 이야기가 진행되는 동안 영웅이 거쳐야 하는 정거장들은 우리 모두가 살아가면서 넘어야 하는 단계를 상징한다. 조지 루카스는 캠벨의 연구가 그에게 얼마나 많은 영향을 미쳤는지 인정한 바 있다. 심지어 〈스타워즈〉의 원래 버전은 캠벨의 책 『천의 얼굴을 가진 영웅』에서 설명한 영웅의 모험 여정을 거의 충실하게 따르고 있다.

영웅의 모험

조셉 캠벨이 생각하는 '영웅'은 항상 이야기의 주인공이고, 따라서 중성이며, 〈반지의 제왕〉에 등장하는 호빗 프로도 같은 상상의 존재일 수도 있다. 현대판 돈키호테라 할 포레스트 검프는 영웅이 칼이나 지능으로 시험을 이겨 내는 전사가 아니어도 된다는 사실을 보여 준다. 우리가 그를 사랑하는 이유는 바로 그의 무기가 순진무구하기 때문이다.

여기서 내가 원형적 '영웅의 모험'의 7단계를 설명하기 위해 영화 〈스타워즈〉, 〈해리포터〉, 〈반지의 제왕〉을 선택한 이유는, 이 영화들이 큰 인기를 누린 덕분에 모두가 잘 아는 실례를 제공하기 때문이다.

전통적인 영웅의 모험에 당신을 초대하고 싶다. 나의 초대에 응하여 영웅과 당신 인생사의 유사성을 발견하기 바란다. 지금껏 살아오면서 경험했던 힘든 도전을 떠올리고 각 단계마다 자기 삶과의 공통점을 찾아보려 노력하길 바란다.

1. 영웅은 지극히 평범한 인간으로 살고 있다

〈스타워즈〉의 영웅 루크 스카이워커는 양부모의 농장에 살면서 따분해 죽을 지경이고, 〈반지의 제왕〉의 주인공 프로도는 아무 걱정 없이 초지에서 행복하게 살고 있다. 나쁜 양부모 밑에서 자라던 해리포터는 옷장 속에서 잠이 든다.

여러분의 인생에선 사무실에서 일하는 주중의 하루나 아이들과 함께 보낸 평범한 하루일 수 있겠다.

2. 모험이 부른다

제다이 기사단 오비완 케노비는 루크 스카이워커에게 자신과 함께 가서 레이아 공주를 구출하자고 제안한다. 간달프는 프로도에게 위험한 반지를 모르도르로 가져가서 그곳에서 없애 버리라고 부탁한다. 해리포터는 거인 해그리드에게서 호그와트 마법학교의 초대장이 든 편지를 건네받는다.

당신에게도 살면서 스카우트 제의나 중병이 들었다는 진단처럼 판단과 결정이 힘든 과제가 있었을 것이다.

3. 영웅이 거절한다

가장 가기 무서운 길을 가라. 그곳에 혁신이 있다. 하지만 영화의 주인공도, 우리도 그 길을 자발적으로 가지는 못한다. 이 단계에선 두려움이 큰 걸림돌이다. 영웅은 되풀이되는 설득에도 도전을 받아들이지 않겠다고 거부한다. 루크 스카이워커는 양부모를 홀로 농장에 둘 수 없다는 이유로 다시 집에 돌아가지만, 부모님은 사령관의 군대에 살해당한 후였다. 프로도는 자신은 발만 큰 힘없는 작은 호빗에 불과하기에 힘센 사우론과 대적할 수 없다고 말한다.

차후 밝혀질 사실이지만, 지금까지의 삶을 박차고 나오려면 이런 부름이 있어야 한다. 그 부름 때문에 어쩔 수 없이 길을 떠나고 그 과정

에서 새로운 경험을 하게 된다

미지의 세계로 떠나지 말아야 할 논거는 수없이 많다. 하지만 무엇 때문에 망설이는가? 무엇 때문에 도전을 받아들이지 못하는가? 무엇이 두려운가?

4. 멘토가 등장한다

모든 영웅 이야기에는 아서 왕의 궁전에 살던 그 유명한 마법사 멀린처럼 영웅을 보조하는 인물이 등장한다. 루크 스카이워커에겐 초록색 피부의 작은 요다가, 프로도에게는 간달프가, 해리포터에겐 덤블도어가 있다. 멘토는 신화의 가장 중요한 인물들 중 하나로, 제자와 스승, 신과 인간을 연결하는 끈의 역할을 맡는다. 뒤에서 밝히겠지만 멘토는 이 책에서 살펴볼 모든 실제 인물의 전기는 물론 학술 연구에서도 중요한 역할을 한다. 충고와 도움과 지식을 제공하고 실질적인 기술까지 가르치는 멘토가 필수적이라는 건 삼척동자도 다 아는 사실이다. 하지만 멘토가 우리를 시험에 대비시켜 줄 수는 있지만 절대 우리를 대신해 그 시험을 치를 수는 없다는 사실을 잊지 말아야 할 것이다.

당신의 멘토는 누구인가?

5. 시험, 적, 동지

〈스타워즈〉의 루크는 다스 베이더와 수없이 마주치고 적에게 여러 차례 체포된다. 하지만 모험가 한솔로라는 뜻밖의 동지를 만나기도 한다. 눈앞이 캄캄한 순간에 등장하는 동지는 영웅 이야기의 전형적 스토리이지만 우리 인생도 크게 다를 것이 없다. 물론 우리 곁에 등장하는 구원자가 〈반지의 제왕〉에 등장하는 아라곤처럼 매력적인 인물일 것이라는 보장은 없지만 난쟁이 김리처럼 못생기지만 않으면 그 정도로 감지덕지해야 하지 않을까? 예상 밖의 동지는 문제를 해결해 주지는 않지만 문제 해결에 필요한 모든 것이 이미 우리 안에 있다는 사실을 우리에게 가르쳐 준다.

영웅 이야기에서 시험은 대부분 생사가 달린 문제다. 우리의 현실도 그와 별반 다르지 않아, 다시 일어서느냐 이대로 주저앉느냐를 결정하는 중요한 순간이다. 하지만 이미 저승의 문턱까지 다녀온 경험이 있는 사람이라면 죽음이 목전에 닥친 순간 오히려 누구도 예상치 못했던 기운이 솟구치며 다시 한 번 일어설 수 있다는 사실을 잘 알 것이다. 우리가 두려움을 극복하고 살아갈 수 있다는 사실을 깨닫는 순간은 가장 큰 위험이 닥친 순간이다. 그리고 이런 성숙의 과정을 거치면서 우리는 더욱 강해진다.

당신이 싸워 이겨야 하는 내부의 적, 혹은 외부의 적은 누구인가? 예상치 못했던 동지는 누구인가? 시험을 통해 당신은 무엇을 배웠나? 자신의 어떤 숨은 능력을 발견했으며 어떤 깨달음을 얻었나?

6. 보상

시간이 가면서 루크 스카이워커는 다스 베이더가 자신의 생부이며,

언젠가 그가 죽기 전 그와 화해할 수도 있다는 사실을 알게 된다. 영웅은 마지막 시험을 거친 후 보물을 상으로 받는다. 성배 이야기에서처럼 고통받는 왕국 전체가 구원될 수도 있고, 특별한 칼을 받기도 하고 비밀의 지식을 얻기도 한다.

도전을 이겨 낸 후 당신이 받은 보상은 무엇이었는가? 지금도 그 영향을 받고 있지 않은가?

7. 영웅의 귀환

이야기가 끝나면 영웅은 다시 일상으로 돌아간다. 하지만 과거와는 다른 사람이 되었고, 성장을 통해 과거의 그와 그가 가진 능력의 간극이 훨씬 좁아졌다.

다시 평범한 일상으로 돌아왔을 때 당신에겐 어떤 점이 변했나?

영웅은 상처를 가지고 태어난다. 해리포터의 경우 부모를 살해한 불구대천의 원수 볼드모트가 그의 이마에 상처를 새겨 놓았다. 루크 스카이워커는 아버지가 어머니와 금지된 관계를 맺었던 탓에 자신이 어두운 힘의 유전자를 물려받았다는 사실을 알지 못했다. 영웅을 몰아대는 힘은 이 상처에서 나온다. 이런 영웅의 원초적 상처는 신데렐라, 오디세우스, 아서 왕, 올리버 트위스트, 삐삐 롱스타킹 등 수많은 이야기의 주인공에게서도 발견된다. 주인공은 대부분 이야기가 끝날 무렵이 되어서야 자신을 몰아대던 상처의 존재를 인식하고, 심한 경우 끝까지 깨닫지 못하는 경우도 있다.

하지만 상처의 의미를 파악하는 순간 주인공은 그 상처를 자신의 인생에 편입시킬 수 있다. 그와 더불어 그의 인생은 갑자기 의미를 찾게 되고, 의미 있는 삶은 언제나 그렇듯 충실한 삶이 된다.

우리 자신도 마찬가지다. 자신을 알고 자신의 상처를 이해하고 그로부터 교훈을 얻어 발전해 나가야 한다. 그래야만 부정적 힘의 영향을 막고 인생을 주체적으로 살아갈 수 있을 것이다.

노벨의 부고 기사

노트를 한 권 꺼내 태어나서 지금까지 겪었던 중요한 경험들을 적어보자. 부모님에 대한 최초의 기억, 어린 시절, 학창시절의 좋은 기억과 나쁜 기억, 첫사랑, 이별, 상실, 직장에서 거둔 성공과 실패, 중요한 사람들과의 만남 등……. 그런 다음 우연처럼 보이는 이 사건들에서 연관성을 찾아보자. 이 실험에 진지하게 임하는 거의 대부분의 사람들이 예전에는 몰랐던 법칙을 갑자기 깨닫게 된다. 특히 상처와 훗날의 성공이 과연 연관관계가 있는지에 관심을 가져 보라.

물론 우리는 할리우드의 연출가처럼 지난 인생을 다시 쓸 수 없다. 더 의미 있고 더 재미있게 고칠 수 없다. 하지만 앞으로 펼쳐질 우리의 인생사에는 일정 정도 영향력을 미칠 수 있다.

"내일은 남은 인생의 첫날이다."

아름다운 말이 아닌가! 내 인생의 시나리오를 수정하기에 너무 늦은 때는 없다.

알프레드 노벨은 신문을 휙 던지고 양손으로 얼굴을 감쌌다. 때는 1888년. '죽음의 상인이 세상을 뜨다.' 그것이 그가 방금 집어던진 프랑스 신문의 머리기사였다.

세상을 떠난 사람은 그의 형 루트비히였지만 그가 방금 읽은 내용은 그의 부고 기사였다. 프랑스 신문의 편집자가 형제를 헷갈려 알프레드 노벨의 죽음을 알리는 기사를 실었던 것이다. 그 기사는 그가 다이너마이트의 발명가로서, 화약을 이용해 서로를 죽이는 사람들을 도와서 막대한 부를 얻었다고 소개하고 있었다.

알프레드 노벨은 그 기사를 읽고 큰 충격을 받아서 자신의 재산을 좋은 일에 쓰기로 결심한다. 그리고 8년 후 세상을 떠날 때 그는 재산의 95퍼센트를 인류의 복지를 위한 상을 수여하는 재단에 기부했다. 그 상이 바로 우리가 알고 있는 노벨상이다.

알프레드 노벨처럼 부고 기사를 고칠 수 있는, 다시 말해 인생을 새로운 방향으로 돌릴 수 있는 기회가 허용된 사람은 많지 않다. 하지만 정작 기회가 주어지더라도 알프레드 노벨처럼 그 기회를 적극 활용하는 사람도 많지 않다.

당신이 세상을 떠난다면 어떤 부고 기사가 신문에 실릴지 생각해 보았는가? 사람들이 당신에 대해 무엇이라고 써 주고 말해 줄 것이라 생각하는가?

　그런 생각은 한 번도 해 본 적 없다는 대답이 돌아올 확률이 더 높겠다. 유산을 남기고 싶다는 소망은 대부분 남자들의 허영심일 뿐, 여자들은 그에 반대의 목소리를 높인다. 그리고 그 같은 여성들의 주장은 타당하다. 죽은 후에도 자신의 이름이 영원히 남기를 바라는 욕망이 노벨 재단처럼 인류의 복지에 기여하기보다는 유혈 전쟁으로 이어지는 비율이 더 높기 때문이다.

　다행히 우리 곁에는 알프레드 노벨 못지않게 아름다운 인생의 지혜를 전해 줄 허구의 인물들이 많다. 우리의 주인공들은 중요한 목표를 달성하기 위해 전력으로 달려간다. 돈, 권력, 사랑하는 연인, 비밀의 해독, 승리…… 주인공은 그것을 간절히 갖고 싶어 한다. 하지만 제3자의 입장에서 그를 관찰하는 우리는 그것이 주인공이 원하는 것이긴 하지만 그에게 필요한 건 아니라는 사실을 깨닫는다. 그가 성장하기 위해 진정으로 필요한 것은 그의 무의식 속에 숨어 있다. 하지만 다행스럽게도 이야기가 진행되면서 주인공은 점차 자신의 진정한 욕망을 깨닫게 된다. 그에게 진짜로 필요한 것이 점점 더 그의 행동을 결정하게 되는 것이다. 아주 아름다운 예가 파울로 코엘료의 『연금술사』에 나오는 양치기 소년 산티아고이다. 그는 오랜 세월 찾아 헤매던 보물을 결국 자기 안에서 발견한다.

당신이 지금 자신의 인생에 관해 던질 수 있는 질문은 2가지이다.

첫째, 나는 이 삶에서 무엇을 원하는가? 전력투구하고 싶은 것이 무엇인가?

둘째, 정말로 내게 필요한 것이 무엇인가?

많은 이야기에서 줄거리가 바람직한 방향으로 돌아서는 전환점은 주인공이 정말로 자신에게 필요한 것, 자신에게 정말로 중요한 것이 무엇인지를 깨닫는 순간이다. 하지만 그 깨달음이 아주 오랜 시간을 요할 때도 많다. 20세기 최고의 정신의학자이자 호스피스 운동의 선구자 엘리자베스 퀴블러 로스가 그랬듯 말이다.

"스위스에서 내가 받은 교육의 원칙은 '일하고, 일하고, 또 일하라'였다. '넌 일할 때에만 가치 있는 인간이다.' 하지만 이 원칙은 근본적으로 잘못되었다. 반은 일하고 반은 춤추는 것, 이것이 올바르다. 나는 너무 적게 춤췄고 너무 적게 놀았다."

인생 왕국의 고통받는 왕

성배의 전설은 아주 매력적인 이야기이다. 왕이 부상을 당해 고통에 시달린다. 그의 고통은 왕국 전체의 고통을 상징하므로, 왕국도 시들시들 몰락해 간다. 올바른 질문을 던지는 젊은 기사만이 왕과 왕국을 구할 수 있다. 처음 파르치팔은 왕에게 고통에 대해 물어볼 용기가 없었으므로 왕을 구하지 못한다. 그 후 몇 년 동안 그는 힘들게 떠돌면서 왕의 성을 찾지만 그동안 왕국은 더더욱 몰락해 간다. 그러나 마침내 파르치팔은 왕의 성을 찾아내 올바른 질문을 던지고, 덕분에 왕은 구원을 받고 왕국도 건강해진다.

성배의 전설 역시 수백 년 전부터 사람들에게 신비한 힘을 발휘해 온 이야기이다. 존 F. 케네디가 자신의 내각을 아서 왕의 전설적인 성의 이름을 따서 '카멜롯'이라 불렀던 것도 아서 왕의 전설을 의도적으로 차용하고 싶었기 때문이었다. 댄 브라운이 『다빈치 코드』에서 나름대로 다듬은 성배 전설을 이용해 얼마나 큰 성공을 거두었는지는 굳이 말할 필요도 없을 것이다.

조금 더 자세히 관찰해 보면 성배의 전설은 피상적인 기사 이야기가 아니라 인류의 지혜와 교훈을 다층적으로 수집한 모음집이다. 하지만 이 전설의 경우 〈스타워즈〉와 달리 해독이 매우 어렵기 때문에 지금까지도 학자들이 그 의미를 파악하기 위해 연구에 매진하고 있다. 그럼에도 그것이 전달하는 메시지는 확실하다.

우리 모두는 고통받는 왕이다. 다만 그 사실을 모르고 있을 뿐이다. 우리의 왕국, 우리가 우리의 인생으로 만들고 있는 것 역시 우리와 더불어 고통받는다. 뭔가 잘못되고 있다는, 진짜 욕망과 단절되어 버렸다는 느낌이 밀려온다. 우리의 내면이 고통받으면 우리의 외부 삶도 정체된다. 우리는 불행을 느끼고, 지금까지의 대답이 갑자기 제 기능을 발휘하지 못한다는 사실을 깨닫는다. 하지만 고집불통 왕처럼 우리는 낡은 습관을 버려야만 새것이 탄생할 수 있다는 사실을 깨닫지 못한다. 우리의 내면이 치유되어야 우리의 왕국, 우리의 삶도 다시 번영할 수 있다.

이 장의 논리가 타당하다고 생각되는가? '논리가 어디 있어? 이야기밖에 없잖아.' 지금 당신은 이렇게 반박할 것이다. 당신의 말이 옳다. 좋은 이야기와 좋은 논리는 전혀 다르다. 논리는 사실성으로 우리를 설득하지만 이야기는 현실과의 유사성으로 우리에게 다가온다. 논리는 반박할 수 있지만 이야기는 그럴 수가 없다.

또 이야기는 가능한 세상으로 오라는 초대장이다. 그중 한 가지 가능성이, 인생을 우리가 어찌지 못하는 고통과 기쁨, 쾌와 불쾌가 제멋대로 이어지는 공간으로 보는 것이다. 그렇게 되면 우리는 보다 높은 힘의 손에 놀아나는 공, 더 심할 경우 우연에 맡겨진 놀이공이 될 것이다. 태어나면서부터 손에 정해진 카드 패가 쥐어져 있거나 아예 인생의 카드 놀이에 직접 끼어들 수조차 없다. 그렇게 되면 우리의 인생은 셰익스피어의 『맥베스』에 나오는 대사대로 '바보가 들려주는 이야기, 시끄러운 소리와 분노로 가득하지만 결국 아무 의미도 없는 이야기'가 되어 버릴 것이다.

동화나 신화, 전설의 형태를 띤 영웅 이야기가 우리에게 전달하고자 하는 메시지는 그와는 다른, 그보다 낙관적인 내용이다.

즉, 영웅이 입은 큰 상처는 그에게 주어진 인생의 과제를 상징한다.

따라서 우리는 영웅들이 시험을 이겨 내는 방식을 보면서 인생의 법칙을 보다 잘 이해하고 고통에도 의미를 부여하며 그를 통해 숨어 있던 능력을 계발할 수 있는 것이다.

영웅의 모험에서 배울 점

1. 상처는 인생의 중요한 한 부분이다

모든 인간에겐 상처가 있다. 그 상처를 안고 머나먼 길을 걸어야 하는 사람은 우리만이 아니다. 하지만 그 상처는 우리 탓이 아니며 또 그 길을 혼자 걸어야 할 필요도 없다. 수천 년 전부터 그 길을 걸었던 사람들, 자신의 경험담을 이야기로 남긴 사람들에게서 많은 것을 배울 수 있다. 초기 인류는 그런 경험담을 모닥불에 둘러앉아 다음 세대에게 전달했지만 세월이 흐르면서 책과 영화가 모닥불의 자리를 대신했다.

2. 상처는 의미가 있다

상처는 우리 인생에서 가장 강한 추동력 중 하나다. 상처에는 의미가 있다. 상처 뒤엔 인생의 과제가 숨어 있기 때문이다. 따라서 살아가면서 차츰차츰 이 심오한 의미를 찾아내어 우리 인생사에 편입시켜야 한다. 우리의 인생을 이야기로 만들면 삶이 더 아름다워질 것이다.

3. 습관의 오솔길과 따뜻한 집을 떠나는 건 우리의 뜻이 아니다

허구의 영웅 이야기에서도 그러하듯 우리 역시 자발적으로 익숙한 일상을 떠나 미지의 위험에 뛰어드는 것이 아니다. 오히려 우리는 최대한 떠나지 않으려고 발버둥을 친다. 하지만 외부의 힘에 이끌려 어쩔 수 없이 길을 떠나게 되고 그 과정에서 시험이나 위험과 맞닥뜨리게 된다.

4. 시험이란 제일 아픈 부위에 또다시 상처를 입을지 모른다는 두려움과의 대면이다

상처에 당당히 맞서야만 그 상처 때문에 큰일이 일어나지 않는다는 사실을 알 수 있다. 고통이 심해도 죽는 건 아니라는 것을, 두려움을 딛고 계속 살아갈 수 있다는 것을 깨닫게 될 것이다. 그리고 이런 경험을 통해 자유를 얻게 된다.

5. 모험의 진짜 목적은 도착이 아니라 더 숭고한 자아를 향해 가는 것이다

해리포터는 고아였기에 많은 시간을 외롭게 지냈지만, 바로 그 때문에 친구를 찾는 능력이 누구보다 뛰어나다. 다시 말해 놀라운 인간관계 능력을 발전시킨 것이다. 또 삼촌 집에서 자라면서 자기 자식을 편애하는 삼촌과 숙모에게 구박을 받았지만 바로 그 덕분에 다른 사람에 대한 책임감이 아주 대단하다. 고아였기에 이 세상에 고통이 넘친다는 사실을 알았고, 때문에 더 나은 세상을 위해 싸운 것이다.

모험의 성공 여부는 현실과 가능성의 간극을 좁히느냐의 여부에 달려 있다. 마지못해 현실을 떠나도록 상황이 우리를 내몰지 않는다면 상처를 대면할 일도, 우리 안에 숨어 있는 능력을 발견할 일도 없을 것이다. 하지만 우리가 그 사실을 깨닫는 순간은 다시 처음으로 되돌아왔을 때이다. 문이 닫히고 우리는 다시 다음 여행을 떠날 준비를 한다. 물론 과거보다 더 많은 경험을 갖춘, 강하고 두려움을 모르는 사람이 되어서.

"우리 사이를 갈라놓는 대립을 극복할 수 없다면 달로 날아간들 무슨 소용인가.
대립의 극복이 가장 중요한 탐험여행이다.
그것이 없다면 다른 건 다 소용 없다."

—앙투안 드 생텍쥐페리

9

상처 속에 숨겨진
재능을 여는 열쇠

상처와 재능 사이엔 직접적인 관련이 있다. 하지만 상처의 깊이가 곧 재능의 크기를 의미하는 건 아니다. 만일 그렇다면 노벨 문학상 수상자를 만들기 위해 우리 아이들에게 심한 상처를 줘야 한다는 결론이 나올 테니 말이다. 열쇠는 우리 스스로가 상처에 어떤 의미를 부여하느냐에 있다. 상처가 재능의 원천이 될지, 아니면 부정적 태도의 전염병균으로 자라게 될지는 거의 전적으로 여기에 달려 있다.

아쉽지만 상처와 재능 사이에는 도덕적 연관성이 없다. 다시 말해 심한 상처를 받은 사람들 중에서도 훗날 재계나 정계, 예술계에서 큰 성공을 거두지만 성격이 아주 나빠 사람들에게 미움을 받는 사람이 있는가 하면, 누구에게나 사랑받을 만한 좋은 성품이지만 평범한 소시

민으로 살다 죽는 사람들도 있다. 화목한 가정에서 최고의 교육을 받고 자라도 여자의 눈도 제대로 쳐다보지 못하는 과도한 울렁증 환자가될 수 있는가 하면, 성공한 기업가, 정치가, 언론인들 중에는 의무 교육도 제대로 마치지 못한 가난한 집안 출신의 자녀들도 많다. 그러므로성공과 실패는 교육이나 출신과는 다른, 그것들보다 더 강력한 힘에따라 갈리는 것이 분명하다.

성공한 사람들의 인생사를 가만히 들여다보면 한 가지 공통점이 있다. 그들의 위대함은 거의가 채워지지 않는 동경에서 나온다는 사실이다. 아이들의 동경은 아주 소박하다. 사랑, 체온, 소속감, 보호와 관련이 있다. 이 최초의 동경이 채워지지 않을 경우 그로 인해 생긴 상처는그들의 삶 전체를 결정한다.

우리가 살면서 이런저런 일을 하거나 포기하는 이유는 대부분 가장아픈 곳에 상처가 덧날지도 모른다는 두려움 때문이다. 따라서 상처와부딪히지 않기 위해 우리가 고민한 수많은 전략들, 우리가 택한 에움길은 고통에서 능력을 키워 내는 가능성이 되기도 하다.

앞으로 이야기할 두 명의 예술가와 한 명의 학자, 이 세 인물의 실례는 이런 원칙을 구체적으로 입증한다. 물론 당신의 인생이나 주변 사람들의 인생에서도 그 원칙을 발견할 수 있다.

평범해지고 싶었던 소년

"훗날 나의 재능, 직업, 나아가 나의 소명이 된 것은 전혀 내 의지와는 상관없는 과정이었다. 나는 되고 싶어서가 아니라 될 수밖에 없어서 작가가 되었다. 내가 기억할 수 있는 가장 절절한 감정은 그들 사이에 끼고 싶다는, 진짜 케르트헨의 소년이 되고 싶다는 것이었다. 나는 다른 아이들처럼 되고 싶었다. 어릴 때는 혼자 있는 게 싫은 법이니까."

페터 투리니는 1950년대 오스트리아 케르트헨의 농촌에서 자랐다. 평범하고 싶다는 그의 소망은 2가지 이유 때문이었다. 첫째, 그는 너무 예민했다. 둘째, 아버지가 외국인이어서 독일어를 못했고 더구나 가구 공예사였기 때문에 농사를 짓는 친구들의 아버지와는 달랐다. 한마디로 어린 시절 투리니는 자기 가족이 왜 친구들의 가족과 다른지 이해가 되지 않았다.

거기에 중노동과 엄격한 교육 탓에 공격적이고 고집불통이던 마을 아이들의 성향도 한몫을 했다. 부모의 폭력에 그대로 노출되어 있던 아이들은 여유가 생기면 고양이를 괴롭히거나 개구리를 부풀리는 고약한 장난으로 시간을 보냈다.

학교 선생님이 질문을 던질 때마다 투리니는 선생님께 똑똑한 아이로 인정받고 싶은 마음과 아이들에게 잘난 척하는 놈 취급을 받을지 모른다는 두려움 사이에서 괴로워했다. 그리고 결국 그가 택한 방법은 마음의 이민이었다. 그에겐 괴로운 현실에서 빠져나갈 탈출구가 필요

했다.

"상상의 세계로 도망칠 수 있다는 발견은 좋은 점이 있었다. 좋고 싫음을 마침내 내가 결정할 수 있었던 것이다. 지금도 생생하게 기억나는 놀이터의 현실 세계에서 나는 '꺼져!'라는 말로 배척당했다. 하지만 상상은 전혀 다른 대화, 내게도 좋은 대화를 가능하게 해 주었다. 나는 상상 속에서 언어로 나만의 살기 좋은 세상을 지었다. 세상을 견디지 못해 상상의 세계로 도피하는 이런 메커니즘은 지금까지도 나를 지배한다. 그래서 한동안 글을 쓰지 못하면 우울증과 두려움이 밀려온다."

열네 살 되던 해 그의 삶에 결정적인 전기가 찾아온다. 그가 살던 마리아잘 마을에 작곡가 게르하르트 람페르스베르크가 살고 있었던 것이다. 훗날 토마스 베른하르트의 『벌목』 때문에 부당하게도 좋지 않은 유명세를 탔던 바로 그 인물이다. 람페르스베르크는 아직 어린 투리니의 재능을 알아보고 그를 자신의 성에 초대한다. 그곳에서 투리니는 훗날 유명한 작가가 된 한스 카를 아르트만이나 토마스 베른하르트 같은 사람들을 만나게 된다. 투리니는 이 기회를 자신과는 너무 다른 농촌 세계에서 도피하는 기회로 삼았고, 그곳을 제2의 집처럼 생각한다. 물론 마을 사람들과 부모에게서 더더욱 멀어지는 부작용도 있었지만 투리니는 이곳에서 승자와 패자를 가르는 결정적 요소, 즉 후원자와 멘토의 역할을 하는 인물을 만나게 되었던 것이다. "람페르스베르크는 내 인생에 아주 결정적인 영향을 미쳤다. 이유는 간단했다. 그가 나를 진지하게 대해 주었기 때문이다. 다른 곳에서는 한 번도 받아 보지 못한 대접이었다. 그 점에 대해서는 지금까지도 그에게 감사의 마음을 가지고 있다. 그는 열네 살에서 열여덟 살 때까지 나의 미적 교육을 맡아 주었다."

하지만 이어진 고등상업학교 생활은 거듭되는 낙제와 온갖 재앙으로 점철된 끝없는 불행이었다. 페터 투리니는 라디오 방송국의 서정시 프로그램에 초대를 받았지만 정작 그의 독일어 성적은 '양'을 면치 못했다. 학교를 졸업한 후 몇 년 동안 투리니는 도로 공사 현장과 공장을 전전하며 중노동을 했고 그 와중에도 쉬지 않고 출판사에 이런 편지를 동봉한 작품을 보냈다.

"속돌 공장에서 일하며 동봉한 시를 썼습니다."

돌아온 건 편집자들의 비웃음이었다.

"공장에 계속 있는 편이 낫겠네요."

하지만 26세가 되던 해 그는 당시로서는 파격적인 작품 『쥐 사냥』으로 연극계에 큰 파장을 몰고 왔고, 독일어권에서 가장 뛰어난 희곡 작가의 반열에 당당히 올라선다.

"애를 여기 혼자 두면 안 되지."

이 말을 한 사람은 다름 아닌 35세의 유명 희곡작가 페터 투리니였다. ZDF 프로덕션의 〈알펜사가〉의 촬영 작업이 한창이었다. 무대에 서 있던 그는 이 말을 하더니 어릴 적 어머니가 그의 마음을 달래 주려

갖다 주었다는 꿀 우유를 갖고 오라고 큰 소리로 외쳤다. 절망한 동료들이 그를 현실로 되돌리기 위해 애를 썼다.

하지만 투리니는 완전히 과거에 빠져 있었다.

"얼음판이 깨지는 것 같았다. 갑자기 분노와 공포의 감정, 냄새와 사람들이 봇물처럼 쏟아져 한 사람을 덮쳤다. 모두가 20년도 더 지난 사건들이었다. 그것은 과격한 방식의 시간 이동이었다. 내 유년기의 지난 일들, 내가 당했던 배척은 당시 이런 성공의 얼음판 밑에서도 얼어붙지 않을 만큼 심한 압박감과 공포를 불러일으켰던 것이 분명하다. 갑자기 모든 것이 너무나 끔찍했던 바로 그 장소에 내가 가 있었던 것이다."

고개를 가눌 수 없을 지경이 되고 죽고 싶은 마음이 떠나질 않자 그는 빈 대학병원의 정신과 병동에 전화를 걸었다. 하지만 자기 이야기가 아니라 자살 충동이 심한 친구 이야기를 하는 척했다.

"내가 도움이 필요하다는 사실을 받아들이기가 힘들었다."

하지만 병원 사람들은 곧바로 사실을 눈치챘고 투리니는 3개월을 정신병동에서 보낸다.

정신과 의사 슈트로츠카는 약이 소용없다는 사실을 깨닫고 페터 투리니에게 매일 그가 회진을 돌 때마다 시 한 편을 읽어 달라는 명령을 내린다. 시를 읽어 주지 않으면 병실을 나가지 않겠다고 하면서 말이다. 말도 안 되는 처방 같아 보였지만 그의 진단은 정확했다. 투리니는 언어를 잃어버렸고 그와 더불어 유년기의 구원 메커니즘까지 상실한 상태였던 것이다. 단어와 문장의 세계로 빠져들수록 그의 병세는 호전되어 갔다. 석 달의 입원과 1년의 통원 치료 끝에 슈트로츠카는 투리니의 창의성이 위태로울까 봐 그를 완치시키지 않을 것이라는 우스갯소리를 하며 이제 치료를 그만두어도 되겠다는 진단을 내린다.

"한 작가의 가장 중요한 자본은 불행했던 어린 시절이다." 어니스트 헤밍웨이도 이런 말을 한 적이 있다.

정신병원에 입원해 있던 시절에 탄생한 그의 시들은 훗날『몇 걸음 뒤로』라는 제목을 달고 세상에 선을 보였다. 그리고 예기치 못했던 큰 성공을 거두어 무려 30개 언어로 번역되었다. 오스트리아 케르트헨의 한 소년을 미시시피 주나 한국의 소년들과 연결시키는 감성의 보편성이 그 시에 담겨 있었기 때문일 것이다.

"내 인생의 첫 번째 구원은 람페르스베르크를 통한 문학적 구원이었고 두 번째는 슈트로츠카를 통한 정신분석적 구원이었다. 훗날 나는 정신과 병동의 의사와 간호사, 환자들을 모아 놓고 다시 한 번『몇 걸음 뒤로』에 실린 시들을 낭송하였고 내 경험담을 들려주었다. 다들 나의 솔직함에 크게 놀랐지만 그것은 감사하는 마음의 표현이었다."

네게 필요한 자원은 네 자신의 역사에 담겨 있다

마틴 스콜세지의 어린 시절은 그의 영화 시나리오가 탄생하는 데 자양분이 되었다. 〈택시 드라이버〉, 〈그리스도 최후의 유혹〉, 〈카지노〉,

〈디파티드〉와 같은 명작을 만들고 오스카상을 받은 감독 마틴 스콜세지는 맨해튼의 리틀 이탈리아에서 성장했다. 시칠리아 사람들이 나폴리 사람들과 싸우고, 이탈리아 사람들이 아일랜드 사람들과 싸우던 곳이었다. 가톨릭 교회가 정신의 지배권을, 갱단이 세속의 지배권을 가진 세계. 그곳에서 자란 사람은 그 게토를 떠날 수는 있어도 자기 안에 담긴 그 게토를 절대로 떨쳐 버릴 수 없다.

천식이 심한 탓에 난투극을 일삼던 거리의 아이들에게 낄 수 없었던 어린 마틴에게도 폭력과 범죄는 일상이었다. 이 유년기의 지옥에서 무사히 빠져나가기란 불가능했다. 그곳 사람들의 가장 중요한 생존전략은 똑바로 쳐다보지 않는 것, 못 본 척 그냥 지나치는 것이었다. 하지만 마틴 스콜세지는 똑바로 쳐다보았다. 그는 폭력과 가난을 훗날 우리가 그의 영화에서 체험하게 되는 그 시점에서 바라보았다. 즉, 창가에 서서 아래 거리를 내려다보는 시점, 참여와 거리감, 동정과 혐오가 뒤엉킨 시점 말이다. 일찍부터 그는 영화를 사랑했다. 그에게 영화는 비천한 현실에서 벗어날 수 있는 탈출구 이상의 의미였다.

그는 방 안에 혼자 틀어박혀 작은 무대와 상상의 작품에 쓰일 의상, 종이 인형에 필요한 작은 세트를 만들었다. 3차원 모델들은 이미 촬영 스튜디오의 장면을 모방하였고, 아직 소박하기는 했지만 훗날 그의 영화를 빛낼 오페라 무대 장면을 연출했다. 그에게 교회와 거리는 별개가 아니었다. 리틀 이탈리아에서 가장 우러러보던 이들은 사제와 갱단이었으니 말이다. 훗날 그의 영화에서 명배우 하비 케이틀의 입을 빌려 등장하는 유명한 대사에도 이런 현실이 잘 반영되어 있다.

"네 죄는 교회에서 갚지 않아. 거리에서 갚을 거야. 집에서 갚을 거야. 나머지는 다 쓰레기야."

할리우드 유명 연출가들의 이력을 살펴보면 마틴 스콜세지와 놀랍도록 흡사한 인물들이 있다. 그들은 몰락한 백인 중산층 자녀였거나 몸이 허약하고 지병이 있어서 또래 아이들과 어울리지 못했거나 스티븐 스필버그처럼 운동신경이 너무 둔해서 도저히 친구들과 놀 수가 없었던 아이들이었다. 그렇기 때문에 아주 일찍부터 상상을 통해 이런 왕따의 아픔을 잊고자 했던 아이들이었다.

학창시절 밀턴 에릭슨의 별명은 '사전'이었다. 그가 사전을 볼 줄 몰라서 얻은 별명이었다. 그는 난독증 환자였고 오랫동안 공부를 지지리도 못한 불량 학생이었다. 그것은 그가 살면서 극복했던 수많은 난제들 중 하나였다. 그는 어려운 철자들이 눈앞에 어른거리는 환각을 경험하며 이 첫 번째 장애물을 뛰어넘었다.

1919년 고등학교를 졸업한 직후, 이번에는 병마가 찾아왔다. 소아마비였다. 의식불명 상태에 빠진 그는 죽음과 사투를 벌였고 사흘이 지나고서야 겨우 의식을 회복했다. 하지만 전신이 마비되었다. 흔들의자에 앉은 그는 몸을 움직일 수 없었다. 하지만 창밖을 내다보고 싶다는 충동이 너무 강해 의자에서 살짝 엉덩이를 드는 데 성공했고, 이 경험에 힘을 얻은 그는 계속 연습을 하기 시작했다. 마침내 상상력 트레이닝을 통해 마비된 근육의 신경이 다시 작동하기 시작했고 채 1년도 지나지 않아 그는 지팡이를 짚고 다시 움직일 수 있게 되었다. 나아가 위스콘신 대학에 입학하였고 과로하지 말라는 의사의 충고를 무시하고 1,200마일이나 되는 전설적인 미시시피 강 카누 여행에까지 참여했다. 이런 치열한 노력 덕분에 몸은 다시 예전의 건강을 회복했다. 2년 후 그는 오른쪽 다리만 살짝 절 뿐 지팡이 없이도 잘 걸을 수 있게 되었다. 대학에서 그는 최면의 가능성에 매료되어 부지런히 훈련했고 다양한 기술을 익혔다. 하지만 1953년 에릭슨은 다시 근육위축증을 동반한 소아마비에 걸렸다. 성치 않은 몸으로 저술 활동과 강연을 계속하던 그는 결국 1969년 악화되는 건강 상태를 견디지 못하고 강연과 여행을 중단했다. 1974년에는 운영하던 진료실마저 문을 닫았고 1976년에는 다시 세 번째로 근육위축증과 복합통증을 동반한 소아마비를 앓았다. 그 후 그는 휠체어에 의지하는 신세가 되었고 얼굴 반쪽이 마비되었다. 하지만 중병을 앓는 이 남자의 낙관적 카리스마는 제자들과 전 세계 학자들을 매료시켰고, 그들은 마지막 순간까지 그를 찾았다.

밀턴 에릭슨은 무조건 결함과 절망부터 떠올리지 않는, 아무리 힘든 문제에 부딪혀도 그 문제를 풀 수 있을지 모를 내면의 힘을 먼저 떠올리는 긍정적 사고의 상징이다. 그런 의미에서 그는 긍정심리학의 선구자라 부를 만하다. 1980년 3월 25일 에릭슨은 피닉스의 자택에서 숨을 거두었다.

언젠가 그는 이런 말을 했다.

"네게 필요한 자원은 네 자신의 역사에 담겨 있다."

이 세 사람은 상처에서 재능으로 자신의 길을 만들어 갔다. 페터 투리니는 왕따의 고통을 언어로 다른 세상을 창조하는 재능으로 발전시켰다. 그가 창조한 세상에선 따돌림 당한 사람들이 발언권을 갖는다. 마틴 스콜세지는 유년기의 폭력을 영상으로 소화해 내는 데 성공했다. 타고난 지성과 창의성을 범죄자가 되는 데 사용하거나 무력한 피해자 역할에 만족하지 않았기에 그는 역사상 가장 유명한 영화감독 중 한 사람이 될 수 있었다. 밀턴 에릭슨은 상상력으로 병마와 싸우는 새로운 길을 찾아냈다. 건강이 악화될 때마다 그것을 새로운 도전으로 받아들였기에 고립과 고통, 우울의 세계에 빠지지 않을 수 있었다. 또한 최면과 관련된 지식을 세상과 공유하여 멋진 스승, 훌륭한 학자가 되었다. 그의 이론은 힘든 문제 때문에 전전긍긍하는 사람들에게 큰 도움이 되었다.

이런 긍정적 사례들에서 가장 중요한 점은 당사자들이 재능을 타고난 분야에 노력을 집중했다는 사실이다. 따돌림을 당해 외로운 어린 소년이 상상의 세계로 도피한다고 해서 다 위대한 예술가가 되는 건 아니다. 오히려 예술의 세계야말로 중간을 절대 허용하지 않는 냉혹한 곳이다. 타고난 재능에 고통을 긍적적인 방향으로 승화시킴으로써 이들은 자신만의 탁월함을 발휘할 수 있었던 것이다.

10

날아오를 것인가
추락할 것인가

"행복은 운명을 위한 재능이다."

—노발리스

　사람들이 상처에서 끌어내는 힘이 반드시 좋은 방향으로 나아가는
건 아니다. 결함을 강점으로 변화시키는 힘은 예술작품과 철학, 발명과
발견을 낳기도 하지만 파괴와 대량학살, 독재와 억압을 낳기도 한다.
아픈 상처는 비행기 엔진과 맞먹는 엄청난 힘을 방출할 수 있다. 따라
서 그 힘을 타고 상상할 수 없이 높은 곳까지 올라갈 수도 있지만 까
마득한 골짜기로 추락하여 산산조각이 날 수도, 남을 산산조각 낼 수
도 있는 것이다.

페터 투리나 마틴 스콜세지, 밀턴 에릭슨과 같은 위인들은 모든 저항을 뚫고 앞으로 돌진하였다. 우리 모두에게도 그들과 같은 타고난 재능이 있다는 사실을 잊으면 안 된다. 그 분야에 노력을 경주한다면 우리 모두는 상처를 긍정적 방향으로 극복하고 성공을 거둘 수 있다. 따라서 자신의 타고난 재능을 파악하고 계발하는 것이 중요하다. 그런데 우리의 교육 환경은 정반대이다. 아이들의 타고난 재능을 발견하고 북돋워 주기보다는 그 재능을 짓밟는 데 혈안이 되어 있으니 말이다. 학교는 아이들의 머리에 지식을 쑤셔 넣느라 바쁘고 아이들의 약점을 들추어 내느라 정신이 없다. 자신의 재능을 발견한 극소수의 아이들마저 오류와 실수로 점철된 고된 과정을 거치면서 재능 있는 분야에 쏟아부어야 할 힘을 엉뚱한 곳에 낭비하고 그러다 결국 자포자기 상태에 빠지고 만다.

모든 패배에는 승리가 숨어 있다

물론 타고난 재능이 없는 분야에서 놀라운 성과를 보이는 인물들도 있다. 실베스터 스탤론은 튼튼한 몸을 타고났지만 배우의 기질과 재능은 많지 않았다. 하지만 강한 의지와 인내력으로 수없는 거절을 참아 냈고, 마침내 〈로키〉의 대본을 한 제작자에게 팔면서 그 주연 자리까지 따내는 데 성공하였다. 보리스 베커는 어린 시절 고향 라이멘의 테니스 센터에서 테니스 실력이 너무 형편없어서 여자아이들 틈에서 연습을 했다고 한다. 올림픽 400미터 허들 경기에서 두 번이나 금메달을 딴 에드 모세스는 학창시절 대회에 나가 한 번도 우승한 적이 없었다. 그는 훗날 훈련에 임하는 그 막대한 에너지의 비결을 이렇게 설명한 바 있다.

"모든 패배에는 승리가 숨어 있다."

이런 성공의 이유는 노력이다. 재능을 타고나지 않은 분야에서 두각을 나타내려면 얼마나 엄청난 의지를 발휘해야 하겠는가? 남들보다 훨씬 더한 노력이 필요할 것이며 그럼에도 실패의 확률이 훨씬 더 높을 것이다.

확률에 저항한 수많은 위인들 중에서도 윌마 루돌프는 단연 두각을 나타낸다. 항구 노동자의 19명 자녀 중 17번째로 태어난 흑인 꼬마는 다섯 살 때 소아마비를 앓아서 아홉 살이 되어서야 걸을 수 있었지만 스물한 살 때 100미터 육상 경기에서 세계 기록을 수립하였고 1960년 로마 올림픽 육상 종목에서는 3관왕의 영광을 안았다.

장애인 올림픽을 보고 있으면 육체적 결함과 싸우는 인간의 투지와 용기에 감동하지 않을 수 없다. 밀턴 에릭슨과 스티븐 호킹도 신체적 결함을 뛰어난 지적 업적으로 변모시킨 위대한 사람들이다.

통풍에 시달리던 난쟁이에 환관이던 나르세스는 비잔틴제국의 군대를 이끌고 533년 나폴리에서 고트족을 무찔렀다. 나폴레옹, 레닌, 스탈린은 키가 작았고 넬슨 경과 프리드리히 대왕은 몸까지 약골이었다.

독재자와 사령관들만이 아니다. 노벨 평화상을 받은 마더 테레사는 신장이 1.52미터에 불과했다. 사보이의 왕자 오이겐 역시 키가 작고 얼굴이 말라 긴 코만 눈에 띄었기 때문에 한때 그의 어머니를 사랑했던 루이 14세가 주는 모욕을 참아야만 했다. 19세가 되던 해 그는 오스트리아 군대에 들어갔고 24세가 되던 해 장교가 되었으며 오스만 튀르크와 프랑스 군을 상대로 전쟁을 치러 큰 공을 세웠다. 그는 13번이나 부상을 당했고 당대 최고의 사령관으로 꼽혔다. 볼품없는 외모의 키작은 망명자인 그가 말이다.

다윗과 모세의 이상적인 모습이 주먹코에 키마저 작아서 '주위에서 제일 못생긴 예술가' 취급을 받던 미켈란젤로의 끝에서 탄생했다는 사실이 과연 우연일 수 있을까? 문학에서 이런 현상은 영웅 시라노 드 베르주라크를 통해 가장 잘 표현되었다. 전투마다 승리를 거두고 시적 재능마저 뛰어났지만 코가 너무 큰 탓에 자신감을 잃은 시라노는 그토록 사랑하는 록산느에게 끝내 자신의 마음을 고백하지 못했다. 전선에서 날아오던 아름다운 편지들이 모두 그의 작품이라는 사실을 록산느가 알게 된 건 그가 죽기 직전, 마지막 장면에서였다. 시라노는 상상인지 현실인지는 몰라도 못생긴 외모라는 고통스런 채찍을 맞고 있었다. 그는 또한 록산느에 대한 동경에 내몰려 결국 남들은 꿈만 꾸는 일을 성취해 낸 모든 위대한 인물들을 대변한다.

세상 모든 난쟁이가 사령관이 되는 것이 아니며, 데모스테네스처럼 세상 모든 말더듬이가 수려한 웅변가가 되도 것은 아니다. 하지만 말더듬이와 난쟁이는 잘생기고 건강한 사람들보다 천재적 재능을 위대한 작품과 업적으로 변화시키겠다는 동기가 더 강하다. 또 신체적 기형은 숨기거나 바꿀 수 없는 것이기에 심적 갈등보다 더 강력한 동기가 되곤 한다. 어린 시절부터 친구들의 놀림과 장난의 희생물이 되다 보니 창조적 활동을 통해 일그러진 자아를 치유하겠다는 마음이 누구보다 커지기 때문이다.

아돌프 히틀러, 넬슨 만델라, 열두 사도

상처가 재능으로 탈바꿈되는 과정에서 얼마나 엄청난 긍정적 에너지와 부정적 에너지가 뿜어져 나올 수 있는가를 보여 주는 대표적인 사례가 바로 넬슨 만델라와 아돌프 히틀러이다. 알다시피 만델라는 27년을 감옥에서 보냈다. 석방된 후 정적에게 복수할 기회가 충분했지만 그는 용서의 길을 택함으로써 남아프리카공화국에 화해 무드가 꽃필 수 있는 토양을 마련하였다.

아돌프 히틀러는 어린 시절 권위적인 아버지에게서 극심한 폭력과 모욕을 당했다. 그는 더러운 독신자 합숙소를 벗어나 온 국민의 환호를 받는 지도자가 되었다. 강자의 권리를 우선하는 세계관과 다른 인종에 대한 뿌리 깊은 경멸감은 어린 시절의 폭력적인 학교에서 형성되어 평생토록 그를 놓아 주지 않았다. 잠재우지 못한 증오심은 그를 수백만의 학살자로 만들었다. 그래서 토마스 만은 "히틀러라는 수없이 좌절한 한 부적격한 인간의 복수심이 곪아 터져 세계를 잔인하게 짓밟아 버렸다."라고 말했던 것이다.

상처에서 재능으로 가는 길은 도덕적 제약을 받지 않는다. 다시 말해 어린 시절 전염병 때문에 누이동생을 잃은 한 소년이 HIV 바이러스를 발견한 로버트 갈로처럼 훌륭한 인물이 될 것인지, 아니면 돈에 눈이 멀어 신종 마약 개발에 혈안이 된 장사꾼이 될 것인지는 누구도 예상할 수 없다. 중요한 것은 어떤 가치, 어떤 목표를 위해 자신의 재능을 활용하느냐이다. 타고난 재능 자체를 바꾸기란 거의 불가능하다. 하지만 가치는 그렇지가 않다. 신약성서에 등장하는 중요한 인물 중 한 사람이 기독교도를 잡으러 다니던 사람 사냥꾼에서 기독교의 유능한 일꾼이 되었던 바울이다. 예수가 교회를 지으려 했던 바위는 예수를 세 번이나 부인했던 베드로였다('베드로'는 그리스어로 '바위'라는 뜻―옮긴이). 이렇듯 예수는 아주 불완전한 인간들을 사도로 선택했다. 하지만 유다는 예수를 추격자들에게 밀고하여 십자가에 못 박혀 죽게 했다. 그러므로 타고난 재능을 어떻게 사용하느냐에 대한 책임은 스스로의 것이다. 인간은 누구나 도덕적 변화가 가능하기 때문이다.

빈 예술아카데미가 아돌프 히틀러에게 입학을 허락해서 그의 그림 재능을 마음껏 발휘할 수 있게 해 주었더라면 그는 거절당했다는 분노에 사로잡히지 않았을 수도 있었을 것이다. 그가 대중을 현혹하는 재능을 깨닫지 못했더라면 세계는 많은 고통을 덜었을지도 모를 일이다. 1793년 툴롱 전투에서 총알 하나가 나폴레옹 보나파르트의 이마를 스치지 않고 심장을 관통했더라면 프랑스 역사는 어떻게 바뀌었을까? 게오르크 뷔히너의 약혼녀가 뷔히너의 요절에 충격을 받아 원래 생각대로 그의 모든 원고를 없애 버렸다면 우리는 그에 대해 무엇을 알 수 있었겠는가? 455년 동안 이탈리아인이 아니라는 이유로 교황에 오르지 못했던 개혁가, 성인, 교회 정책의 천재들은 또 얼마나 많았겠는가? 억압받으며 권리를 박탈당했던 수십억의 이름 없는 사람들, 굶주림에 시달렸던 수많은 어린아이들, 잘못된 장소, 잘못된 부모 밑에서 태어나는 바람에 지극히 나쁜 조건에서 출발한 그 모든 사람들에겐 명예를 얻고 재능을 발휘하는 것은 고사하고 굶어죽지 않는 것이 인생의 목표일 것이다. 인간의 삶에서 우연은 큰 역할을 한다. 이는 과학적으로도 이론의 여지가 없는 사실이다. 운명의 손길, 행복과 불행에 우리는 영향력을 행사할 수 없다. 하지만 성품은 그렇지 않다.

성품이 중요하다

"한 인간의 성품을 알고 싶거든 그에게 권력을 쥐 보라."

— 에이브러햄 링컨

성공할수록 성품이 중요하다. 약속 시간이 다 되어 가는데 차가 꽉

막혔다. 어떻게 행동할까? 슈퍼에서 주인 아줌마가 실수로 거스름돈을 더 많이 내주었다. 과연 돌려줄까? 성품은 이런 매일매일의 사소한 결정에서도 잘 드러난다.

성품이란 정확하게 무엇일까? 성품이 무엇인지 정의를 내리는 것보다는 어떤 사람의 성품이 좋은지를 판단하는 편이 더 쉽다. 『최고의 나』의 저자 존 맥스웰은 성품이 다음 4가지 요인으로 구성된다고 주장한다.

1. 자제력, 즉 흥미가 없어도 필요한 일을 철저하게 해 나가는 능력. "우리가 정복해야 하는 것은 산이 아니다. 우리는 우리 자신을 정복해야 한다." 유명 산악인 에드먼드 힐러리는 죽음의 지대에서도 한 걸음 한 걸음 앞으로 나아간 철통같은 의지력을 이런 말로 설명했다.
2. 유혹이 아무리 강해도 정조를 지키고 약자를 위해 싸우는 등 단기간의 불이익을 감수하고서라도 행동의 기준으로 삼는 인격적 가치.
3. 행동의 대상과 이유를 결정하는 자아상.
4. 성실성, 다시 말해 우리의 가치와 실제 실천 사이의 일치.

성품은 키우지 않고 재능에만 집중한다면 단기적으로는 성공을 거둘지 몰라도 장기적으로는 결국 나락으로 떨어질 수밖에 없다. 도덕적 판단 운운하며 훈계를 늘어놓겠다는 것이 아니다. 재능은 뛰어나지만 성품이 형편없었던 일군의 인간들을 통해 입증된 사실이다. 잘나가던 금융 천재 버나드 메이도프는 500억 달러라는 엄청난 투자금을 끌어모아 사기를 쳤고 결국 2008년 12월 금융사기의 대가답게 150년 형을 선고받았다.

"돈주머니가 커진 만큼 양심이 오그라드는 사람들이 있다." 올더스 헉슬리의 말이다.

성품은 유전되지 않는다. 돈을 주고 살 수도 없고 무게를 달아 잴 수도 없으며 싸워 없애 버릴 수도 없다. 서서히 형성되는 것이기에 절대로 너무 늦었다고 성품의 향상을 포기해서는 안 된다.

요즘도 '바울 효과'의 사례는 충분하다. 정크본드(고수익 고위험 채권—옮긴이)의 왕 마이클 밀켄은 사기죄로 몇 년을 감옥에서 보냈지만, 그가세운 밀켄 연구소는 현재 가장 성공한 사설 암 연구 조직 중 한 곳으로 꼽힌다. 밀켄 연구소는 그가 출감 후 희귀한 악성 종양 진단을 받으면서 시작되었다. 그는 아직 허가가 떨어지지 않은 약까지 포함하여 가능한 모든 약품을 총동원하였고 진단과 달리 결국 암을 이겨 냈다. 그 후 그는 뛰어난 지능과 투철한 의지를 암과의 전쟁에 쏟아부었다.

재능을 계발하는 것은 때론 생존의 문제가 되기도 한다. 엘리자베스 1세는 채 세 살이 되지 않았을 때 어머니가 처형을 당했고 그녀는 사생아라는 이름으로 왕위 계승권을 박탈당했다가 훗날 의회에 의해 복권되었다. 또한 반란 가담 혐의로 런던탑에 유폐되었다가 가택연금을 당했고, 그 후로도 계속 탄핵의 위험에 처해 있었다. 아이를 낳지 못했던 이복언니 메리 1세가 세상을 떠나자 엘리자베스는 1559년 1월 15일 25세의 나이로 웨스트민스터 대성당에서 영국과 아일랜드의 여왕으로 즉위하였다. 이 시기 영국의 경제는 완전 바닥을 기었고, 영국은 스페인과 프랑스라는 두 열강과 계속 전쟁을 치르고 있었다. 국내에서도 엘리자베스 1세에 대한 저항이 만만치 않았다. 의회는 물론이고 존 녹스 같은 사람들은 여왕의 즉위를 못마땅하게 생각해 여성의 지배가 신의 뜻에 어긋난다는 주장을 폈다.

뛰어난 외교적 수완, 상대의 말을 경청하고 상대의 숨은 의도를 간파하며 끈기 있게 행동의 시점을 기다릴 줄 아는 능력, 동맹을 맺고 적시에 동맹국을 바꾸며, 소문과 실질적인 생명의 위협을 구분할 수 있는 능력은 그녀에겐 어린 시절부터 생존이 달린 문제였다. 더구나 여왕은 사명감이 투철했고, 왕좌에 오를 때까지 갖은 모욕과 생명의 위협을 견뎌 낼 정도로 내면이 강한 사람이었다. 45세의 나이로 세상을 떠날 때까지 엘리자베스 1세는 영국 역사상 가장 오래 왕좌를 지키면서 가장 풍요로운 나라를 만들어 낸 군주 중 한 사람이 되었다. 그녀의 치세 때 대영제국의 초석이 마련되었다.

엘리자베스의 정적이었던 메리 스튜어트가 태어난 지 6일 만에 스코틀랜드의 여왕으로 결정되었던 것만 보아도 엘리자베스가 얼마나 힘겨운 상황을 딛고 여왕이 되었을지 짐작하고도 남음이 있다. 엘리자베스 1세는 성공한 여성 지도자의 모델일 뿐 아니라 어린 시절에 살아남기 위해 키웠던 능력들이야말로 훗날의 성공에 큰 도움이 된다는 사실을 입증하는 대표적인 사례이다.

"나는 연약하고 힘없는 여자의 몸이지만 영국 왕의 심장과 위장을 갖고 있다."

공격해 오는 스페인 무적함대와 전투를 앞둔 영국군에게 흉갑을 두르고 투구를 쓴 그녀가 외쳤다. 영국의 '처녀 여왕'은 이런 연출 감각까지 갖춘 인물이었다.

상처를 받아들이는 승자의 자세

사소한 상처나 실망이 일생을 좌우할 정도로 심한 타격을 입힌 큰 상처와 다른 점이 무엇일까? 나의 가장 깊은 상처는 무엇인가? 상처를 강점으로 만드는 길은 어디에 있을까?

1. 최초의 상처를 피하기 위해서라면 우리는 무슨 일이든 다 한다

아주 어린 시절에 경험한 상처는 특히나 더 많은 영향을 남긴다. 당시 우리가 방치되어 제때 먹여 주거나 울음소리에 귀기울여 줄 사람이 없었다면 우리는 정말로 죽었을 테니까 말이다. 따라서 우리는 이런 최초의 상처를 피하기 위해 수단과 방법을 가리지 않는다. 다음번에 또 그런 상처를 입으면 그 상처를 딛고 살아남을 수 없을지도 모른다는 두려움이 마음 깊은 곳에 자리하고 있기 때문이다.

2. 다양한 우회로를 통해 우리는 능력을 계발한다

상처를 피하기 위해 돌아가는 에움길과 상처와 대적하기 위해 머리에서 짜낸 온갖 해결책을 통해 우리는 점점 더 큰 갈등을 만들어 낸다. 그리고 이런 갈등을 해결하기 위해 자신도 모르는 사이 대단한 능력을 키우게 된다. 따라서 상처의 길은 재능으로 이어진다. 물론 반드시 그런 건 아니다. 승자와 패자를 구분하는 결정적 갈림길이 바로 여기에 있다.

3. 승자는 상처를 패자와 다르게 해석한다

승자와 패자, 즉 상처를 큰 능력으로 발전시킬 수 있는 사람과 상처 때문에 무너지는 사람의 차이점은 이 한마디로 요약할 수 있다. 운명론이 아닌 자기 책임.

상처가 얼마나 깊든, 상처를 얼마나 자주 받았든, 얼마나 부당하게 받았든 관계없이 승자는 자신을 무력한 피해자라고 생각하지 않는다. 물론 그 상처로 인한 고통은 패자 못지않지만 승자는 자기 인생은 스스로의 책임이라고 생각한다. 이 책의 앞부분에서 이야기했던, 자전거 사고를 당한 소년을 기억하는가? 부당한 일을 겪고도 그는 원망하는 대신 두 번 다시 그런 일을 겪지 않으려면 앞으로 어떻게 해야 할지를 고민했다. 나아가 그 누구도 언어와 법 지식이 부족하다는 이유 때문에 그런 어려움에 빠져서는 안 되며, 스스로 이것을 위해 노력해야겠다는 사명감을 느꼈다.

4. 승자는 타고난 재능에 노력을 쏟아붓고 이런 강점을 자신과 타인을 위해 활용한다

승자는 재능을 타고난 분야에 힘을 쏟아붓는다. 쓸데없이 다른 곳에서 힘을 낭비하지 않는다. 덕분에 재능을 크게 키울 수 있고, 상처받을지 모른다는 두려움을 벗어던질 수 있다. 승자는 자신의 재능을 발견하여 이를 자신과 타인을 위해 적극 활용한다.

5. 승자는 상처에 의미를 부여한다

이 책에서 소개한 많은 사람들의 이력을 관통하는 핵심 질문은 바로 '그들이 자신의 상처에 어떤 의미를 부여하였는가?'이다. 그들의 해석이 객관적으로 옳아야 할 필요는 없다. 그저 그 해석이 그들 각자에게 의미가 있다는 사실이 더 중요하다. 상처의 핵심은 전체로부터의 분리이다. 승자는 언젠가 상처를 받아들이고 상처를 자신의 인생사에 편입시킬 수 있다. 물론 평생이 걸리는 힘든 길이지만 그 끝에는 자신과 세계의 화해가 있다. 사랑하는 사람과 함께 있거나 자연과 하나가 된 느낌에 사로잡혀 있을 때면 우리 모두가 하나이며, 우리 모두에겐 공통점이 있다는 사실을 예감할 수 있다. 이 예감이 우리를 상처의 원천으로 데려다 준다.

다비드 슈타인들 라스트가 샌프란시스코의 한 수도원에서 몇 사람과 함께 달라이 라마를 만난 적이 있었다. 모인 사람들 중 그가 유일한 기독교인이었다. 한 사람이 계속 달라이 라마에게 고통에 대응하는 불교의 방법을 기독교의 방법과 비교해 이야기하면서 달라이 라마가 동조해 주길 바랐다. 불교는 고통을 제거하는 멋진 실천 방법이 있지만 가톨릭은 여전히 고통 속에서 뒹굴고 있다면서 말이다. 하지만 달라이 라마는 그의 주장을 반박하며, 불교의 고통 극복 방법 역시 고통을 버리는 것이 아니라 타인을 위해 고통을 지는 것이기에 예수의 이상과 보살의 이상이 다르지 않다고 대답했다. 달라이 라마의 얼굴을 볼 기회가 있다면 계속 변하는 것 같은 그의 강렬한 표정에 놀랄 것이다. 그의 얼굴엔 항상 행복이 깃들어 있지만 수백만 인간의 고통 역시 그 안에 담겨 있다. 사랑은 타인과 연대하고 공감하는 긍정이지 고통을 안겨 주는 순교와는 아무 상관이 없다. 모든 개인의 상처의 원천은 이 전체와의 분리이다. 모든 종교, 모든 지혜를 하나로 묶는 메시지도 바로 이것이다.

11

손에 쥔 패가 나빠도
이길 수 있다

댄 브라운은 세계에서 가장 돈을 많이 번 암호학자이다. 전 세계적
으로 6천만 부 이상이 팔린 『다빈치 코드』로 그는 독자들을 암호화된
비밀의 세계로 안내하였다.

왜 심리학자들은 인류의 미래에 필요한 인식들을 '건강생성
(salutogenese)'이나 '회복탄력성(resilience)' 같은 이해하기 힘든 단어
들 뒤에 숨기는지, 나로선 도무지 이해가 되지 않는다. 이런 암호 같은
말 뒤에 숨어 있는 건 비밀의 이론들이 아니라 제아무리 힘든 시험도
이겨 낼 수 있게 해 주는 보호 요인이 무엇인지를 보여 주는 장기간
연구의 결과들이다. 특히 이런 연구 결과들이 값진 이유는 아주 힘든
사회 환경과 가족 환경에서 성장한 사람이라도 충실한 삶을 살 수 있

다는 사실을 이 결과들이 입증하고 있기 때문이다.

프로이트와 정신분석은 트라우마의 시대를 열었다. 그 이전에는 문학이 주로 인간의 정신적 고통을 담당했다. 20세기의 심리학은 피해자의 심리학이다. 유년기의 상처가 인간에게 미치는 영향력에 주목했다. 따라서 소아 심리학 같은 심리학의 주요 분야들은 주 임무를 인간 정신의 결함 및 부정적 측면과 투쟁하는 일이라고 본다. 슬픔을 연구하는 실험이 100번 실시될 때 행복을 연구하는 실험은 1번만 이루어진다.

따라서 과거의 지혜는 물론이고 두뇌 연구의 최신 결과까지 받아들인 긍정심리학은 아주 중요한 걸음이 아닐 수 없다. 아직은 초창기에 불과하지만 이 긍정심리학은 인간의 삶과 공생의 긍정적 측면을 강조하며, 그를 통해 중요한 새로운 시각을 제공한다. 행복, 인생의 의미, 안전, 용서, 평화…… 누가 이런 걸 원치 않겠는가?

힘든 상황에서도 행복하고 충실한 인생의 기회를 놓치지 않으려면 무엇이 필요할까? 지구의 인구가 100억을 향해 달려가고 있고, 미래 지구 주민의 다수가 최적의 경제 및 가정적 조건을 누릴 수 없을 것으로 예상되는 현실에서 긍정심리학의 전파는 인류의 주요한 인도적 과제 중 하나일 것이다. 한정된 경제적, 전문적 자원 때문이 아니더라도 모든 사람에게 개인 심리치료사를 할당하는 것이 해결책이 될 수는 없다. 가능하지도 바람직하지도 않은 방법이다.

우리가 부모를 선택할 수는 없다. 자식을 사랑하고 돈도 많은 부모를 만나는 행운은 우리가 아직 파악하지 못한 규칙에 따라 분배된다. 그러하기에 형편없는 부모 밑에서도 훌륭한 자식이 태어날 수 있다는 사실은 좋은 소식이 아닐 수 없다. 고통과 아픔, 상처는 인생길의 피할 수 없는 요인이므로 그것에 어떻게 대처하느냐가 인생을 좌우할 것이다.

형편없는 패로 카드놀이에서 이기는 비법

미국의 심리학자 에미 워너는 힘든 상황에서 인생을 출발한 사람들의 성공 요인을 연구한 선구자로 정평이 나 있다. 하와이 카우아이 섬의 아이들을 대상으로 한 연구 결과를 통해 그녀는 전문 용어로 '회복탄력성'이라 부르는 연구의 기초를 세웠다. 회복탄력성 및 그와 비슷한 다른 개념들은 화목하지 못한 가정의 아이들이나 어릴 적 트라우마가 심한 아이들은 훗날 자라서 인생에 실패할 수밖에 없다는 기존의 독단적 학설을 뒤집어 엎었다. 낭만적인 희망이 아니다. 미국 한 나라만 보더라도 부모의 가난과 정신장애, 이혼과 학대 등의 어려움에도 아이들이 행복하고 충실한 삶을 살 수 있다는 사실을 입증한 10건의 장기 연구 결과가 나와 있다. 영국, 뉴질랜드, 오스트레일리아, 덴마크, 스웨덴, 독일 등지에서도 비슷한 연구를 실시한 결과, 다른 지리적 조건 및 인종적 조건에서 결과가 같았다. 인간은 태어난 환경의 산물만은 아닌 것이다.

그렇다면 성공한 사람과 성공하지 못한 사람을 가르는 요인은 무엇이었을까? 대부분의 경우 힘든 상황이라는 악순환의 고리를 끊도록 도와준 여러 가지 요인이 결합되어 있었다.

- 친구들: 지원을 아끼지 않고 용기를 북돋워 주는 부모가 없는 경우는 부모 역할을 맡아 줄 친구나 멘토가 한 사람 이상 필요하다. 친척이나 선생님, 학교 친구도 가능하다.
- 책임감: 부모가 제 역할을 하지 못해 형이나 언니가 대신 어린 동생의 교육을 책임질 경우 이는 큰아이 자신의 인성 발달에 아주 중요한 긍정적 보호 요인이 된다.
- 성품과 기질: 다혈질보다는 침착한 성격이 훨씬 더 도움이 된다.
- 영성: 종교 단체 혹은 이상 공동체에 소속되어 있는 것도 아주 중요한 요인이다.

회복탄력성 연구는 힘든 상황에 그저 적응하는 것보다 더 중요한 것이 있다는 사실을, 다시 말해 참고 견디기만 해서는 안 된다는 사실을 가르쳐 준다. 불리한 조건에서 자유로울 수 있는 사람들은 역경에도 불구하고 강점을 계발하는 것이 아니라 역경 때문에 강점을 계발한다. 말 그대로 자신을 넘어설 수 있는 사람들인 것이다.

상처받을 수 있지만 결코 항복하지 않는다

"싸우면 질 수 있다. 싸우지 않으면 이미 졌다."

—베르톨트 브레히트

오래전부터 심리 치료는 종교 단체 참여나 명상 같은 영적 활동을 금기시했다. 하지만 카우아이 연구를 비롯한 많은 연구 결과는 영적 차원이야말로 인간에게 아주 중요한 것임을 일깨워 준다. 심리치료사인 카롤리네 쿤츠는 이렇게 말한다.

"인류의 영적 발달을 감정의 발달과 분리해서는 안 된다. 한쪽은 다른 한쪽의 조건이다. 감정 성숙이 수반되지 않는 뛰어난 지능은 개인은 물론 온 사회의 위험이다. 탈레반 현상은 이슬람 사회에만 해당되는 것이 아니다. 우리가 더 높은 전체의 일부라는 깨달음은 우리에게 희망과 확신, 의미를 선사한다. 이것은 신이나 더 높은 질서에 대한 믿음일 수 있다. 또 자연과 모든 생명체와의 깊은 결속감일 수도 있다."

심장병으로 인한 사망을 막는 가장 효과적인 방법은 심장이식술의 개선이 아니라 금연과 운동, 건강한 식습관의 중요성을 깨닫고 이를 실천하는 것이다. 이미 수백만의 목숨을 구한 이 중요한 깨달음이 유독 정신 건강과 관련해서는 큰 효과를 발휘하지 못하고 있다. 아이들에게 매일 이를 닦을 수 있는 칫솔을 손에 쥐어 주듯 영혼의 상처에 대항할 수 있는 무기를 손에 쥐여 주는 것이 무의미한 일이란 말인가? 상처에 대비하고 대처하는 방법을 알려 주는 것이 무엇보다 중요하다. 이를 두고 정신과 의사 만프레드 슈텔치히는 '영혼의 이 닦기'라고 부른다. 복지 국가의 관료들이 생각하듯 운명은 제거하거나 행정조치로 대체할 수 있는 것이 아니다. 그래도 상처를 피할 수는 없지만 상처받은 인간이 실패한 인간이 되지 않도록 막을 수는 있다.

미국의 심리학자 노먼 가머지 역시 미니애폴리스 슬럼가의 가난하고 병든 알코올 중독 부모 밑에서 자란 아이들의 인생 역정을 조사하였다. 그런데 예상 밖으로, 다양한 위험 요인에도 불구하고 큰 상처 없이 인생을 살아가는 아이들을 보게 되었다. 심지어 난관을 도전의 기회로 생각하는 아이들도 있었고, 환경의 부정적인 면에서 고개를 돌려 가정 바깥에서 지원을 얻어 낸 아이들도 있었다.

하지만 다양한 악조건과 위험 요인에 저항할 수 있는 사람들이라고 해서 눈에 안 보이는 마법의 망토를 두르고 있는 게 아니었다. 그들 역시 상처받을 수 있지만 결코 상처에 항복하지 않았을 뿐이다. 인간에게는 끔찍한 사건을 감추어 버리는 능력이 있다. 정신분석학자들은 이런 심리적 억압이 질병의 원인이라고 주장하지만 사실 이것은 아주 긍정적인 면도 많다. 트라우마의 피해자에게 다시 한 번 그 과정을 겪게 하는 것이 과연 무슨 도움이 되겠는가. 그들을 빨리 일상으로 되돌려 보내는 것이 최우선일 것이다. 우리는 과거에만 사로잡힌 포로가 아니니까 말이다.

노스캐롤라이나 대학의 심리학과 교수인 리처드 테데스키는 이렇게 말한다.

"끔찍한 일을 겪은 사람들 중에서 그 일이 좋았다고 말하는 사람은 하나도 없다. 위기를 겪는 동안 그 경험을 통해 성장할 수 있을 것이라 생각하는 사람도 없다. 그저 다들 살아남기 위해 노력할 뿐이다. 하지만 다 지난 후 그 일을 돌이켜보면 그들은 예상보다 훨씬 많은 것을 얻었다는 것을 깨닫게 된다."

물론 타고난 감정의 저항력이 남들보다 강한 사람들이 있다. 다른 것들보다 강하게 타고나 사나운 폭풍에도 잘 견디는 갈대가 있는 것처럼.

긍정적인 수녀가 오래 산다

생활 만족도를 조사하는 장기 연구에 가장 적합한 대상은 수녀들이다. 미국 펜실베이니아 대학의 심리학과 교수인 마틴 셀리그만이 수녀들을 조사 대상으로 삼은 이유도 생활환경의 개인적 편차가 적어 비교 연구에 적합했기 때문이었다. 결과는 놀라웠다. 수녀원에 들어올 때 가장 긍정적인 생활 태도를 보였고 주관적으로 스스로를 행복하다고 생각했던 수녀들은 85세가 되어도 90퍼센트가 생존해 있었다. 하지만 염세적 생활 태도를 보였던 수녀들의 생존율은 34퍼센트에 불과했다. 인생의 마지막 종소리도 행복한 사람에게는 훨씬 나중에 울리는 것이다.

이처럼 숨어 있는 긍정적 감정을 불러내는 작업은 건강이나 기대수명 같은 측정 가능한 외부 요인 때문에도 중요하지만 행복이라는 주관적 근거에서 보아도 지극히 중요한 일이다. 현대의 행복 연구가 밝혀냈듯 인간의 행복 능력은 일정 정도까지는 유전적으로 주어진다. 하지만 심리적 저항력, 행복의 능력, 유전적 기질 사이의 이런 연관관계를 조사하는 연구가 아직은 거의 활성화되어 있지 않다. 그런 의미에서 몇 년 전부터 인기를 끌고 있는 긍정심리학의 중요성은 더욱 크다고 하겠다.

DSM 4 역시 댄 브라운의 암호학적 반란에 가장 적합한 단어일 것이다. DSM 4란 '정신장애 진단 및 통계 매뉴얼(Diagnostic and Statistical Manual of Mental Disorders)'의 약자로 미국 임상심리학의 바이블이다. 정신과 의사에게 가서 고민을 털어놓으면 아마 그는 십중팔구 당신을 이 시스템에 편입시켜 줄 것이다. 정신분열증에서 편집증을 거쳐 경계선 장애에 이르기까지 가능한 인간의 모든 심리 문제가 이 책에 나열되어 있기 때문이다. 하지만 긍정심리학의 선구자들은 프로이트 이후 수백 년 동안 심리학이 오로지 인간 영혼의 어두운 측면에만 집중하였기에, 그 문제점을 만회할 필요가 시급하다고 주장한다.

긍정심리학의 공동 창시자인 마틴 셀리그만과 미하이 칙센트미하이는 흥미진진하고 새로운 주장을 내놓는다. 즉, 인간은 처음부터 불행한 결함을 지닌 존재로서 자신을 괴롭히는 원죄의 짐을 안고 태어난 게 아니라 진화의 과정을 거치면서 일종의 행복 프로그래밍으로 중무장하게 되었노라고 말이다.

긍정심리학의 첫 번째 과제는 인간의 긍정적 요인과 잠재력을 모두 끌어모은 안티 DSM 4의 목록을 작성하는 일이었다. 그것이 모든 문화권에서 인정하는 24가지 '강점'이다. 이 목록은 호기심에서 독창성까지 이어지며, 어떤 사람이 어떤 분야의 재능을 계발해야 할지를 보여 주어 인생의 방향 설정에 큰 도움을 줄 수 있다.

펜실베이니아 대학 긍정심리학 연구소장인 마틴 셀리그만은 이런 방향 설정의 일환으로 온라인 테스트를 개발했다. 불과 몇 달 만에 약 70만 명이 참가할 정도로 그의 테스트는 큰 인기를 끌었다. 당신도 자신의 24가지 강점을 알고 싶거든 언제든지 신청만 하면 된다. 무료이므로 약간의 시간 투자로 매우 소중한 경험을 얻을 수 있을 것이다 (www.authentichappiness.sas.upenn.edu).

이 테스트의 다양한 자료를 바탕으로 셀리그만은 용기나 아량처럼 그동안 거의 연구가 되지 않은 개념에 대해 보다 정확한 결론을 이끌어 내었고 이로써 긍정심리학의 기반을 튼튼하게 다질 수 있었다. 인간에게 핵심적인 긍정적 덕목이 무엇이고 이것들이 어떤 조건에서 발휘되는지에 관한 지식은 부모나 교사들에게 아주 큰 도움이 될 것이다. 앞에서도 이미 여러 차례 강조했듯 인간의 강점과 덕목이 어느 정도 타고나는 것인지는 아직 완전히 밝혀지지 않은 문제이다. 그럼에도 한 사람의 강점이 무엇인지를 아는 것은 아주 유익하다. 예를 들어 아주 협동적인 사람이 있다면 그를 경쟁이 치열한 환경에 떠밀어 넣는 것은 별로 의미가 없다. 다 알다시피 타고난 기질을 근본적으로 바꿀 수는 없으니까 말이다. 하지만 강점을 키울 수 있는 환경과 조건을 마련할 수는 있다. 감사하는 마음이나 창의성 같은 덕목에 대해 많은 것을 알게 될수록 덕목을 키워 줄 수 있는 적절한 조건의 교육기관을 보다 쉽게 만들 수 있을 것이기 때문이다.

세계적인 리서치 기관인 갤럽 연구소는 36개 기업에 근무하는 19만 8천 명의 직원들에게 다음과 같은 질문을 던졌다.

"직장에서 매일 당신이 가장 잘할 수 있는 일을 할 기회가 돌아옵니까?"

예상외로 '예'라는 대답이 20퍼센트에 불과했다. 이는 기업이 직원들의 타고난 재능을 발굴하고 육성하는 데 학교보다 더한 노력을 기울이지 않는다는 증거이다. 경제적인 관점에서 보아 그렇게 할 이유가 충분한데도 말이다.

갤럽의 사장을 역임한 바 있는 도널드 클리프턴과 마커스 버킹엄은 스스로를 긍정심리학의 주자로 선언하고, 인간의 재능을 보다 상세하게 분류 및 확인하고 이를 조직에서 활용할 수 있는 구체적 방안을 제시하였다.

재능은 생산적으로 활용할 수 있는 모든 지속적 사고 모델, 감정 모델, 행동 모델을 말한다. 따라서 재능은 독특하고 지속적이며 불변한다. 인간의 강점을 활용하기 위해서는 3가지 도구가 필요하다.

- 타고난 재능과 후천적으로 배워야 하는 것을 구분할 줄 아는 이해력
- 자신의 재능을 깨닫는 데 필요한 시스템
- 자신의 재능을 설명하는 데 필요한 공통 언어

마커스 버킹엄과 도널드 클리프턴이 개발한 자기 발견 프로그램 '강점 찾기(Strength finder)'를 이용하면 누구나 자신의 강점을 찾아낼 수 있다. 그들이 주장하는 인간의 강점은 34가지로 다음과 같다.

개발자, 개인화, 경쟁, 공감, 공평, 관계자, 긍정성, 매력, 맥락, 명령, 미래지향, 복구자, 분석가, 사고, 성취자, 신념, 신중함, 연결성, 의사소통, 자기확신, 적응력, 전략, 조정자, 조화, 중요성, 질서, 착상, 책임, 초점, 최상주의자, 탐구심, 포괄성, 학습자, 행동주의자.

이 재능 목록에 대해 보다 상세히 알고 싶은 사람은 온라인 테스트에 참여하면 된다. 버킹엄의 테스트는 유료이며 마틴 셀리그만의 24가지 강점 테스트에 비해 조직에서 활용 가능한 강점에 더 초점을 맞추었다(www.strengthsfinder.com).

감성지능 높이기

마이크 타이슨은 최연소 헤비급 세계 챔피언이었다. 하지만 사람들

은 그 사실보다 그가 에반더 홀리필드의 귀를 물어뜯었다는 사실을 더 오래 기억한다. 아차 하는 순간 자제력을 잃어버림으로써 앞길을 망친 사람이 어디 한둘이겠는가. 자신에게 비우호적인 신문기사 때문에 화가 나서 돌아가고 있는 카메라 앞에서 울음을 터뜨렸던 에드먼트 머스키는 그 일로 미국 대통령의 꿈을 접어야만 했다. 자제력, 즉 분노나 슬픔 같은 강렬한 감정적 충동을 억제하는 능력은 대니얼 골먼이 개발한 감성지능 개념에서 중심이 되는 요소이다. 자기 인식, 감정의 적절한 표출, 감정이입 같은 감성지능의 요소들이 앞에서도 강조했듯 승자와 패자를 가르는 핵심 요건들이기 때문이다. 위기의 아이들에게 가장 중요한 건 출세의 사다리를 얼마나 높이 오를 수 있느냐가 아니다. 문제는 범죄나 실업, 알코올 중독 같은 위험에서 빠져나올 수 있느냐 없느냐이다.

그리고 이런 감성지능 높이기 프로젝트는 인간의 감성지능은 높일 수 있다는 대니얼 골먼의 연구 결과에 힘을 실어 주고 있다. 유치원이나 초등학교처럼 이른 나이에 시작하는 것이 최선이다. 하이델베르크에 있는 빌리 헬바흐 학교는 독자적으로 '행복' 과목을 신설하여 이런 시도에 동참하고 있다. 샌프란시스코의 누에바 학교는 30년 전부터 자기학(Self Science)을 교과목의 고정 메뉴에 올려놓고 있으며, 빈의 카를 포퍼 학교 학생들은 자기 학교만의 '커뮤니케이션과 사회 능력(Kommunikation und Soziale Kompetenz)' 과목을 '코소'라는 애칭으로 부르며 아끼고 있다. 학생들에게 자기 성찰, 갈등 해결 능력, 사회적 책임 등을 가르치는 이 교과목을 개발하여 다른 학교의 교사들에게도 널리 보급 중인 주인공은 레나테 부스팅거이다.

현대의 가족은 긍정적 방향 설정에 필요한 가치들을 아이들에게 제대로 전달하지 못한다. 따라서 이 아이들이 감성지능을 배울 수 있는 유일한 장소는 학교뿐이다. 하지만 우리의 학교 현장은 또 어떤가? 아이들을 보다 행복한 인간이 되도록 도와주기는커녕 몇십 년 전과 다름없이 가만히 앉아서 선생님 말씀에 순종하며 교과서 내용이나 달달 외우는 학생을 키워 낼 뿐이다.

상처에 대한 저항력 역시 배울 수 있고, 배움의 시기는 빠르면 빠를수록 좋다. 학생들을 위한 프로그램을 개발하는 미국 심리학 협회(APA)는 아래 3가지를 아이들에게 권한다.

- 친구를 찾아라.
- 자신의 행동에 책임감을 느껴라.
- 자신을 믿어라.

미국 심리학 협회의 '회복의 길(The Road To Resilience)' 프로그램에 대해 조금 더 알고 싶으면 www.apahelpcenter.org에서 정보를 얻을 수 있다.

어떤 사람의 강점이 무엇인지 안다면 최대한 일찍부터 그가 실제로 뛰어난 능력을 보이는 분야에 노력을 집중하도록 도와줄 수 있을 것이다. 승자와 패자를 가르는 가장 중요한 기준은 상처에서 길어 낸 추동력을 어떤 분야에 쏟아붓느냐이다.

부모들 역시 자신의 경험으로 아이들을 재단할 것이 아니라 아이들이 어떤 분야에 가장 재능이 있는지 일찍부터 파악해야 한다. 기숙사에서 정말 재미있게 지낸 사람이 있는가 하면 기숙사가 지옥 같았던 사람도 있을 것이다. 우리 아이들도 마찬가지다. 기존의 학교 교육을 따라갈 것인가 대안학교를 택할 것인가. 선택은 아이들에게 달려 있다. 부모가 자신의 재능이 아이에게 당연히 유전되었을 것으로 믿고 자신이 잘한 분야를 아이에게 강요하는 것은 지극히 위험하다.

보다 많은 사람들이 행복한 세상을 만들려면 무엇보다도 유치원, 학교, 종교기관, 기업을 최대한 많은 사람들이 자신의 덕목과 강점을 활용할 수 있는 기회의 장으로 만들어야 한다.

요약

1. 어린 시절 불우한 환경에서 자랐거나 심한 심리적 상처를 입었다고 해서 반드시 인생이 실패하리라는 생각은 틀렸다.

회복탄력성 연구 및 그와 유사한 많은 연구들이, 불우한 가정 환경에서 자랐거나 어린 시절 트라우마가 심한 사람들은 거의가 인생에 실패한다는 도그마를 깨뜨렸다. 이는 낭만적인 바람이 아니라 다수의 장기 연구를 통해 입증된 사실이다.

2. 상처를 극복하도록 도와주는 보호 요인들이 있다.

회복탄력성에 관한 수많은 연구는 위기에 처한 아이들에게 큰 도움이 되는 요인들은 안정적이고 평온한 가정에서 자란 아이들의 발달에도 아주 유익하다는 사실을 입증했다. 아이들은 적어도 한 사람의 멘토가 필요하고, 일찍부터 책임감을 배워야 하며, 종교 단체나 이상 공동체의 활동을 통해 많은 것을 배울 수 있다.

3. 심리적 저항력과 긍정적 인생관은 일정 정도 유전적으로 물려받는 것이지만, 감성지능은 훈련을 통해 키울 수 있다.

모든 인간은 행복의 능력과 심리적 저항력을 타고나지만 그 정도는 사람마다 천차만별이다. 또 타고난 능력 역시 불변의 상수가 아니며, 긍정적으로도 부정적으로도 영향을 받을 수 있다. 중요한 인격의 특징들 역시 일정 정도는 타고나지만 기질은 대니얼 골먼의 연구 결과에서처럼 운명이 아니다. 감성지능은 훈련을 통해 크게 높아질 수 있다.

4. 상처에 대한 저항력은 학습을 통해 배울 수 있다. 물론 학습은

최대한 빨리 시작하는 것이 좋다.

부모, 학교, 종교 단체, 음악 그룹, 사회 단체들은 우리 아이들이 상처에 보다 유연하게 대처할 수 있도록 가르쳐야 한다. 혼자서 상처를 쉽게 극복하는 사람이 있는가 하면 외부의 지원과 안내가 필수적인 사람도 있다. 부모가 일찍부터 아이들의 타고난 재능을 파악한다면 그 재능을 마음껏 펼쳐 나가도록 힘껏 도와줄 수 있을 것이다. 성공을 통해 느끼는 긍정적 감정은 다시금 아이의 자존감을 키워 주고 상처에 대한 저항력도 키워 준다.

5. 긍정심리학의 인식은 강점을 파악하고 그 분야에 노력을 경주하도록 도와준다.

긍정심리학은 심리적 결함에서 눈을 돌려 인간의 강점에 관심을 기울이는 패러다임 변화를 상징한다. 마틴 셀리그만이 연구한 인간의 24가지 강점과 갤럽 연구소가 밝혀낸 34가지 재능은 자신의 강점을 파악하고 확인하는 유익한 도구이다. 이를 이용하면 성공 확률이 높은 분야를 확인하여 그에 노력을 집중함으로써 에너지의 효율성을 높일 수 있다. 자신의 재능과 욕구, 가치와 활동을 인식하는 것은 성공과 실패를 가르는 갈림길에서 올바른 길을 선택하기 위한 중요한 전제조건이다.

"우리가 하는 일과 할 수 있는 일의 차이를 알면 이 세상 대부분의 문제를 충분히 해결할 수 있을 것이다."

– 마하트마 간디

인생에선 정말 승자와 패자밖에 없는 것일까? 승자와 패자는 또 누가 판단하나? 대답은 확실하다. 인생에선 승자와 패자밖에 없고, 각자의 인생이 끝나는 시점에 나름의 기준에 따라 자신의 인생이 승리인지 패배인지를 판단한다.

아이를 키우고 가족을 보살피고 사랑하는 사람과 행복한 가정을 꾸리고, 훌륭한 스승이 되어 제자들의 행복을 위해 노력하고, 타고난 재능을 직업으로 승화시켜 즐거운 마음으로 일하는 것은 노벨상이나 오스카상을 타는 것에 버금가는 중요한 일들이다. 당신이 타고난 재능을 최대로 발휘했는지, 인생의 마지막 순간 자신이 이룬 일과 이룰 수 있었던 일의 간극이 얼마나 큰지 판단할 수 있는 유일한 배심원은 당신 자신이다. 그 누구도 당신을 대신하여 판단을 내릴 수 없다.

승자와 패자를 다룬 이 장이 만병통치약일 수는 없다. 이 세상에 만병통치약은 없다. 많은 연구 결과가 서로 모순되고, 특히나 유전적 요인이 심리적 저항력에 어떻게 영향을 미치는지에 대해서는 아직 만족할 만한 연구 결과가 나와 있지 않다. 조금 더 설득력이 있어 보이는 이론은 있지만 그 역시 완벽한 해결책은 아니며, 또 끝없이 새로운 의문이 제기되고 있다.

어쨌든 상처가 우리의 삶에서 매우 큰 의미를 갖는다는 주장에는 이의가 없는 듯하다. 특히 상처에 의미를 부여하는 사람들이 스스로를 운명의 제물로 여기는 사람들에 비해 훨씬 성공의 기회가 많다는 주장에는 그 누구도 이의를 제기할 수 없을 것이다.

이제 3부에서는 누구나 자신은 물론 세상과 화해할 수 있는 세상이 과연 어떤 모습일지를 보여 주는 세 사람을 소개하도록 하겠다. 현명한 수도사 한 명과 한 사람의 유명한 사상가이자 학자, 그리고 몽상가이기도 한 기업가 한 명이다. 세 사람 모두가 이성과 지혜, 실천력을 통합한 멋진 인물들이다.

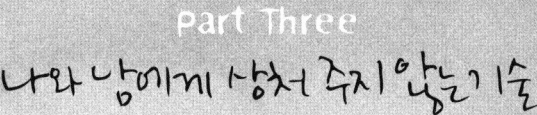

Part Three

나와 남에게 상처 주지 않는 기술

12

마음의 학교로 가자

　'마음의 학교'는 관심으로 시작한다. 우리의 인간관계를 일그러뜨린 그 길을 탐정처럼 되돌아 추적하다 보면 결정적 파국을 낳은 수많은 사소한 일들을 발견하게 될 것이다. 그리고 타인에게 상처를 주는 각자의 모델을 파악하게 될 것이다. 두려움과 탐욕, 무절제와 수치심, 욕심, 거만함, 출세욕, 비겁함은 부정적인 태도를 낳는 전형적인 동인들이다. 그나마 다행인 것은 우리가 이런 동인에 완전히 무방비인 건 아니라는 사실이다.

　돈과 권력, 명성은 인간을 망치는 3가지 동인이다. 부자는 세상 제일의 부자가 되기 위해 돈을 모으고 또 모은다. 권력가는 권력을 유지하기 위해 최대한 많은 사람을 주변으로 끌어모은다. 유명인은 자신의 이름을 쉬지 않고 외쳐 줄 합창단이 필요하다.

탐욕에 사로잡힌 인간은 더 많은 돈더미를 쌓는 것 말고는 관심이 없다. 그러니 우리 모두가 이런 탐욕에 집단적으로 감염되었을 때 어떤 부정적 에너지가 방출될지, 너무나 뻔한 일이 아니겠는가? 세계 경제를 곤두박질치게 해 수백만의 사람들을 고통으로 몰아간 미국 대기업의 경영자들을 욕하기 전에 잠깐 당신의 모습을 되돌아보라. 백화점 세일 기간 한정 판매대에서 눈에 불을 밝히고 달려들었던 적은 없는가! 만인에게 숨어 있는 이런 감정을 그냥 내버려 둔다면 그것은 언젠가 모든 것을 집어삼키는 끔찍한 괴물이 되고 말 것이다.

미하이 칙센트미하이는 아이들의 인생 만족도와 관련하여 대규모 연구를 진행했다. 열 살 된 아이들에게 꿈과 희망이 무엇인지 묻고 그들의 대답을 비싼 자동차나 돈, 큰 집 같은 물질적 가치와 우정, 건강, 평화 같은 비물질적 가치에 따라 등급을 나누어 보았던 것이다. 결과는 비물질적 가치를 추구하는 아이들이 돈으로 살 수 있는 물건을 원하는 아이들에 비해 장기적으로 볼 때 만족도와 행복감이 더 높았다. 따라서 칙센트미하이는 물질주의와 소비적 사고가 아이들에게 해롭다고 확신한다. 유명 상표가 아이들에게 행사하는 엄청난 매력은 소속되고 싶은 소망의 산물이다. 적지 않은 가정이 아이들의 소속 욕망을 충족시켜 주지 못하다 보니 사랑받지 못한다는 느낌에 사로잡힌 아이들이 너무 일찍부터 이런 사랑의 대용품을 돈을 주고 사려는 것이다.

하지만 세상 모든 것을 다 돈으로 살 수 있어도 사랑만은 그럴 수 없다. 그래서 사랑에 대한 믿음을 잃어버리는 순간 인생 전체를 돈과 권력과 명예에 바치거나 주변에 높은 담을 쌓고 은둔 생활에 들어가지만, 사랑을 향한 뜨거운 동경은 아무리 높은 담을 쌓아도, 아무리 많은 돈을 모아도 채워지지 않는다.

'이젠 남자를 못 믿겠다. 남자들은 내 인생을 망쳤고 사랑에 대한 믿음을 뿌리까지 다 뽑아 버렸다. 남자에게, 혹은 여자에게 너무 많이 실망한 남녀라면 다 지금 나와 같은 심정일 것이다. 더 이상 아무도 가까이 오게 하고 싶지 않다. 최대한 거리를 취하고 싶다. 그래야 또 희망과 실망이 되풀이되는 그 끔찍한 과거의 악순환에서 벗어날 수 있을 테니까. 상처의 가시가 너무 깊이 박혀 있다. 고통이 너무 크기에 두 번 다시 사랑을 하지 못할 것 같다. 너무 아프고, 그 아픔이 영원히 계속될 것만 같다.'

깊고 깊은 웹 세상에서 한 여성의 마음속을 들여다보았다. 상처에 대한 두려움과 사랑을 향한 동경은 얼마나 긴밀한 연관이 있는 걸까? 우리 모두는 상처를 숨긴다. 나만 이런 남모를 상처를 안고 있다고 생각하기 때문이다. 하지만 마음을 열면 모두가 우리와 똑같은 비밀을 안고 있다는 사실을 깨닫게 될 것이다. 알고 보면 모두가 다시 상처받을지 모른다는 두려움에 떨고 있다는 사실을 말이다.

장미를 원하거든
가시가 무섭다고 달아나지 마라.

사랑하는 사람을 원하거든

너 자신을 피해 달아나지 마라.

―루미, '사랑의 노래'

쉽게 상처받는 마음만이 사랑하는 마음일 수 있다. 상처를 당당히 받아들이지 않는다면 사랑을 향해 다가가지도 못한다. 심리치료사 베르너 피찰은 파트너 관계의 보다 심오한 의미는 서로가 상대의 상처를 치유하는 데 도움을 주는 것이라고 말한다. 과거의 것에만 매달려 있으면 자신의 노예가 되고 만다. 두려움과 사랑, 죄책감과 사랑, 증오와 사랑은 나란히 공존할 수 없다. 우리는 그 누구도 바꿀 수 없다. 우리가 바꿀 수 있는 건 자신의 생각뿐이다. 우리 머릿속에는 자신에게 상처를 입힐 수 있는 생각도 있지만 자신을 도울 수 있는 생각도 있다. 둘 중 어느 쪽에 힘을 실어 줄 것인지 선택할 수 있는 사람은 자신뿐이다. 누구도 우리를 대신하여 선택해 줄 수 없다.

사랑을 허락하는 긍정적 힘은 황폐한 탐욕의 힘보다 훨씬 더 크다. 그렇지 않았다면 인류는 진작 멸망하고 말았을 것이다. 마음의 학교는 탐욕과 공포에 빠지지 않고 사랑의 동경에 굴복하게 교육하는 곳이다. 하지만 '모 아니면 도'라는 식의 극단적 선택으로 물질적 욕구를 모조리 억누르라는 것은 결코 아니다. 그건 너무 비현실적인 요구이다. 돈 많고 성공한 사람도 사랑스러운 인간이 될 수 있다. 마음의 학교가 가르치는 첫 번째 교훈은 지금보다 조금 더 나은 인간이 되고 싶은 숨은 욕망을 일깨우라는 것이다.

마음의 학교를 이 지상에 세울 수 있다면 나는 반드시 다비드 슈타인들 라스트를 교장 선생님으로 추천할 것이다. 마음을 여는 방법을 가르칠 수 있는 적임자일 테니 말이다. 열린 마음만이 행복할 수 있다. 하지만 열린 마음은 또 상처받기 쉬운 마음이다. 미하이 칙센트미하이에게는 그가 그동안 연구했던 행복에 관한 지식의 보고를 우리 모두에게 나누어 달라고 부탁할 것이다. 빌 스트릭랜드에게는 그의 실천력을 우리에게 전염시켜 달라고 부탁할 것이다. 이처럼 인간애, 행복의 능력, 실천력은 마음의 학교에서 가르치는 주요 과목이다. 물론 다비드와 빌, 미하이는 서로의 수업 시간에 대신 들어가 학생들을 가르칠 수도 있을 것이다. 세 사람 모두가 같은 원초적 지식의 샘에서 물을 긷고 있으니 말이다.

감정을 조심하라.
감정은 생각이 된다.

생각을 조심하라.
생각은 말이 된다.

말을 조심하라.
말은 행동이 된다.

행동을 조심하라.

행동은 습관이 된다.

습관을 조심하라.

습관이 성격을 형성한다.

성격을 조심하라.

성격이 인생을 결정한다.

―탈무드

물론 다비드 슈타인들 라스트는 공식적인 직함도, 한 곳에 붙박혀 사는 생활도 무척 싫어할 것이다. 그런 생각을 하면 나의 집필 계획에 즉각 도움을 약속했던 그에게 더더욱 감사하는 마음을 갖게 된다. 감사하는 마음은 다비드 슈타인들 라스트가 가장 중요하게 생각하는 가치이다. 그는 감사의 마음을 느끼기 위해 꼭 사찰이나 교회를 찾아야 할 필요도, 로또에 당첨되어야 할 필요도 없다고 말한다.

그렇다면 과연 그런 말을 하는 다비드 슈타인들 라스트는 누구란 말인가?

수도사의 지혜

다비드 슈타인들 라스트는 베네딕트의 평범한 수도사이다. 1년의 절반은 뉴욕 북쪽의 엘마이라에서 은둔 생활을 하면서 전통적인 수도사의 삶을 살아간다. 하지만 다른 사람들보다 더 경건하고 신성해지기 위해서가 아니라 '지금 이 순간의 삶'을 살기에 그곳이 보다 좋은 장소이기 때문이다. 나머지 반년은 온 세계를 떠돌며 강연을 한다. 그의 강연을 듣는 청중은 콩고의 극빈층에서 미국 최고 대학인 하버드나 컬럼비아 대학의 학장까지, 불교 승려에서 이슬람 수피까지, 파파고 인디언에서 아나폴리스 해군사관학교의 생도까지, 폴리네시아 섬의 선교사에서부터 미국의 대 게릴라 특전부대 그린베레까지, 말할 수 없이 다양하다. 베네딕트회 수도원으로 들어가기 전 그는 빈에서 미술, 인류학, 심리학을 공부했다. 1965년 바티칸이 그에게 기독교와 불교 사이에 대화의 장을 마련하라는 요청을 했다. 이 사명을 위해 그는 스즈키 순류 선사가 타사자라에 세운 미국 최초의 선원에서 몇 년을 지냈다.

다비드가 다른 수도사와 다른 점이 무엇일까? 누구나 느끼는 바지만 그는 말한 대로 산다. 그의 영성은 모호하지 않고 구체적이다. 그의 영성은 그의 눈을 들여다보면 보이고, 그가 목소리를 높이면 들린다. 솔직히 나는 종교적인 인간이 아니다. 실천하는 신앙인이라기보다 아직 찾아 헤매는 인간이다. 그런 내게 다비드 슈타인들 라스트는 예수의 원칙이 무엇인지, 진정한 인간애가 무엇인지를 조금이나마 느끼게 해 준 최초의 사람이었다. 그가 어떤 방법을 사용하는지는 모르겠지만 그를 직접 만난 후 내 마음속에 문득 지금보다 더 나은 인간이 되고 싶다는 바람이 일어났던 것이다.

나만 그런 게 아니었다. 어디에 있건 그의 주변에는 사람들이 모여들어 방을 가득 채우고 홀린 듯 그의 말에 귀를 기울인다. 그는 사람의 마음을 여는 놀라운 재능이 있다. 가톨릭 공동체에 그와 같은 인물이 11명만 더 있어도 아마 지금과 같은 각종 종교 문제는 순식간에 자취를 감출 것이다.

궁금한가? 내 말을 못 믿겠는가? 이해할 수 있다. 나도 소위 성자라는 사람들 이야기를 들으면 콧방귀를 뀌곤 했으니까. 신성과 불합리의 거리는 채 한 걸음이 못 된다고, 다비드 스스로도 말했으니까. 그러니 직접 시험해 보라. 가장 가까이 있는 컴퓨터로 달려가서 아름다운 영상을 보며 'A good day'라는 제목의 그의 강연에 귀를 기울여 보라. 6분도 채 안 걸린다(www.gratefulness.org/brotherdavid/a-good-day.htm).

기분이 훨씬 좋아질 것이다. 감사의 마음이 일 것이고 지금보다 더 기쁜 마음으로 이 글을 읽게 될 것이다. 그가 우리에게 안내하는 그 하루는 보다 행복하고 착한 인간이 될 수 있는 방법이 얼마나 다양한지를 가르쳐 준다. 따라서 이 영상으로 마음의 학교의 첫 수업을 대신해도 손색이 없을 듯하다. 그가 우리의 마음을 활짝 열어 주니 말이다.

컴퓨터가 없으면 비디오를 함께 볼 수 있는 사람을 찾아보자. 영어를 알아듣지 못해도 다 이해할 수 있다. 마음의 언어는 번역이 필요 없으니까. 다비드 수사의 영성은 아주 구체적이다. 그는 전혀 예상치 못한 장소에서 영성을 발견해 낸다.

귤을 먹으며 영성을 발견하는 법

하루하루 쫓기며 살다 보니 우리의 감각이 무뎌진다. 고막은 폭격을 맞아 찢어지고 미각신경은 습격을 받아 망가지고 음식은 너무 기름져 우리는 제대로 들을 수도, 먹고 있는 음식의 맛을 제대로 볼 수도 없다. 하지만 감각이 없으면 의미도 없다. 감각이 없으면 인식과 경험도 없다. 보고 듣고 맛보고 냄새를 맡는 곳은 영성의 중요한 장소이다. 내게 영성으로 다가가는 핵심 단어는 '경청'이다. 여기서 내가 말하는 경청은 특별한 방식의 경청, 마음을 기울여 상대의 말을 듣는 것이다.

그러자면 매일매일 훈련이 필요하다. 예를 들어 귤을 먹는 방식처럼 말이다. 깨인 마음으로 충분히 귀를 기울이고 있으면 껍질을 깔 때부터 껍질의 희미한 저항이 내게 말을 걸어온다. 그것의 상태, 그것의 향기는 번역할 수 없는 언어로 말을 하고, 나는 그 언어를 배워야 한다. 그리하여 나는 작은 귤 조각 하나하나마다 나름의 특별한 단맛이 숨어 있다는 사실을 깨닫는다. 햇빛을 많이 받은 쪽의 조각이 제일 달다. 이 모든 것이 순수한 선물로서 감사의 기회를 제공한다. 순수한 감사는 적당한 인사말을 건네기 위해 선물을 쳐다보지 않는다. 순수한 감사는 선물 대신 선물을 주는 사람을 바라보며 신뢰를 표현한다. 선물을 주는 사람의 선의가 확실치 않다 해도 감사할 수 있으면 마음의 평화를 얻을 수 있다. 행복하기 때문에 감사한 것이 아니라 감사하면 행복하기 때문이다.

선물 중의 선물은 그 선물에 담긴 기회이다. 그 기회란 기뻐하고 순간을 즐길 기회를 말한다. 매일매일, 그냥 기뻐할 수 있는 기회들이 수없이 우리 곁을 찾아온다. 나무 위에서 빛나는 태양, 막 봉오리가 벌어진 꽃잎에서 반짝이는 이슬, 아기의 미소, 오랜 기다림 끝에 품에 안게 된 사랑하는 사람……. 하지만 우리는 그런 기회를 무심히 놓치고 만다. 몽유병 환자처럼 하루하루를 기쁨 없이 그냥 살아간다. 살아 있다는 선물을 받고 기뻐할 수 있는 그 수많은 기회를 깨닫는다면 힘든 시련이 닥쳐온다 해도 잘 견뎌 낼 것이다. 시련조차 기회로 바라보며 감사할 줄 알게 될 것이다. 다비드 수사가 가르치고 싶어 하는 것도 좋든 싫든 주어진 모든 것에 감사할 줄 아는 인간이 되는 길이다. 그럴 경우 감사하는 마음은 행복의 원천일 수 있다.

물론 매사에 감사하라는 식의 말들이 처음 들을 때 얼마나 말도 안 되는 소리로, 얼마나 비현실적으로 들릴지도 잘 알고 있다.

"테러리즘에, 환경 파괴에, 집 문만 나서면 지천에 널려 있는 가난과 고통에 어떻게 감사하란 말입니까?" 많은 사람들이 다비드 수사에게 묻는다. 그럼 그는 이렇게 대답한다.

"그런 것들 자체를 보며 기뻐할 수는 없지요. 하지만 그것들이 우리에게 그것들에 맞서는 일을 할 수 있는 기회를 제공하니 기쁜 일입니다. 충분히 많은 사람들이 '우리가 무엇을 할 수 있을까?'라고 묻는다면 결국 우리는 가장 시급한 문제들의 해답도 찾게 될 테니 말입니다."

감사하는 마음의 반대말은 모든 것을 당연하다고 생각하는 태도이다. 놀라움을 인생의 무대로 들여보내야 수많은 기쁨의 가능성도 열린다. 놀라움은 아직 감사하는 마음은 아니지만, 약간의 선의만 있다면 저절로 감사하는 마음으로 자라난다.

어린 딸이 엄마를 쳐다보며 묻는다.

"엄마, 내가 있는 게 놀랍지 않아?"

아이들은 존재의 경이로움을 본능적으로 파악한다. 우리 모두의 내면엔 바로 그런 꼬마가 숨어 있다. 따라서 우리가 할 일은 그저 그 꼬마가 밖으로 나올 수 있도록 문을 열어 주고 용기를 북돋아 그런 질문을 던질 수 있게 해 주는 것뿐이다.

지금을 살아라

우리는 수도원의 시간에서 답을 얻을 수 있다.

"수도원의 시간은 시계로 잴 수 있는 것이 아니다. 시간은 우리 것이 아니다. 시간이 있다, 시간을 아낀다, 시간의 덕을 봤다 같은 말들을 하지만 사실 시간은 우리 것이 아니다. 시간은 시계를 보고 읽는 것이 아니라 때가 언제인가에 달렸다. 그래서 수도원에선 요구하는 일을 하지 않고 할 때가 된 일을 한다. 성 베네딕트의 규칙에 따르면 수도사는 종이 울리면 그 순간 바로 손에서 펜을 놓아야 한다. i에 점을 찍지 못했더라도 그 점을 마저 찍어서는 안 된다. 이것이 시간의 금욕이다."

몇 분 간격으로 이메일을 체크하고 끝없이 걸려오는 전화 때문에 대화를 계속 중단해야 하는 현대인들에게 수도원으로 떠나는 이 짧은 소풍은 마치 먼 행성으로의 여행처럼 느껴진다. 쏟아지는 정보에 파묻혀 모든 감각을 강탈당한 우리는 끝없는 의무와 과제의 소용돌이 속에 휩쓸려 살고 있다. 마크 트웨인은 말했다.

"최종 목표를 놓치고 나면 긴장은 배가 된다."

우리가 생각하는 시간은 한정된 자원이다. 쉬지 않고 스케줄을 챙겨야 하기에 언제나 시간이 부족하다. 우리는 미친 듯 달려가는 고요의 시간 속에 살고 있다.

그렇지만 사실 알고 보면 정말 간단하다. 시간을 손에서 내려놓는 순간 세상의 모든 시간은 우리 것이 된다. 시간을 극복한 지금이 있기에 우리는 시간 너머에 살게 된다. 스트레스의 가장 큰 원인 중 하나는 끊임없이 지난 일을 괴로워하고 미래를 걱정하느라 우리가 지금 이 순간을 살고 있다는 사실을 잊어버리는 것이다. 수도사들은 종소리와 규칙적인 기도, 합창을 통해 그 사실을 계속 되새긴다. '하는 일을 하라'는 말은 하는 일을 진실한 마음으로 하라는 의미이다. 다시 말해 비생산적으로 보이는 노래, 산책, 채소 다듬기, 책 먼지 털기는 물론이고 먹고 마시는 쾌락까지도 진실로 하라는 뜻이며, 그것보다 더 중요하고 더 시급하고 더 생산적인 일이 있을 것이라는 양심의 가책에 시달리지 말라는 의미이다.

내 경험으로 미루어 볼 때 타인에게 행사하는 힘이 늘어날수록 자신의 시간을 돌아볼 힘은 줄어든다. 기업이나 정부 부처 같은 거대 조직의 정상에 있는 사람들은 매일 아침 하루 일과가 빼곡히 적힌 종이를 건네받는다. 한마디로 시간의 완벽한 노예가 되는 것이다.

나는 다비드 수사에게 그를 만나고 싶어 하는 사람들은 너무 많고 시간은 부족한데 어떻게 하느냐고 물었다. 그는 이렇게 대답했다.

"누가 더 나를 시급하게 필요로 하는지 점검을 하지요. 그리고 한 번 한 약속은 꼭 지킵니다."

하지만 그는 자신만의 시간도 소중하게 생각한다. 자기만의 시간을 갖고 싶을 땐 모든 친구들에게 이메일을 보낸다. 그가 수도원으로 들어가거나 여행을 떠나려 하니 향후 3개월 동안 연락이 되지 않을 것이라는 말을 전하며 양해를 구하는 것이다.

새로운 부자는 시간 부자일 것이다. 시간이 많다는 건 정말로 중요한 일에 시간을 이용할 힘이 있다는 뜻이다. 당신의 부는 얼마나 되는가? 아주 간단하게 알 수 있다. 당신이 인생에서 중요하다고 생각하는 것들을 포스트잇에 써 보자. 그리고 매일 그 일을 위해 얼마나 많은 시간을 투자하는지 생각해 보자. 아마 약간의 변화를 꾀할 좋은 기회가 될지도 모른다.

시간은 늘 현재이다. 하지만 인간은 안타깝게도 병이 들거나 큰일을 당하기 전까지는 그 단순한 진리를 깨닫지 못한다. 시간의 비밀은 호르헤 루이스 보르헤스의 시에 숨어 있다.

"시간은 너를 휩쓸고 가는 강물이지만 네가 강물이다. 시간은 너를 찢어 발기는 호랑이지만 네가 호랑이다. 시간은 너를 삼키는 불꽃이지만 네가 불꽃이다."

이 현재의 삶을 연습할 방법은 수없이 많다. 다비드 수사는 매일 15분씩 일찍 일어나서 그 시간을 자신을 위해 활용해 보라고 권한다. 실용적인 일을 할 필요가 없는 시간, 이 덤으로 얻은 시간에 즐기고 싶은 일을 하면서 행복할 수 있을 것이다. 음악을 들어도 좋고 명상을 해도 좋고, 혼자서 조용히 커피나 차를 마셔도 좋다. 새날을 향해 던지는 이 짧은 인사는 하루 일과에 빠져들기 전 우리를 자신과 하나로 만들어 줄 것이다.

하루를 시작하면서 '어떻게 해야 오늘도 최고의 성과를 올릴 것인가?'를 묻지 말고 '어떻게 하면 누군가를 조금 더 행복하게 만들어 줄 수 있을까?'를 고민한다면 하루가 끝난 순간 우리 자신도 더 행복해져 있을 것이다. 아침 햇살을 선물로 생각하는 사람은 하루를 향해 작은 태양처럼 걸어가면서 다른 사람들에게 환한 빛을 던질 것이다. 미소 지을 수 있고 사람들에게 온기를 전할 수 있으며 그들의 하루를 밝혀

줄 수 있을 것이다.

마음의 학교는 하루의 임무와 과제에 진심을 다하라고 가르친다. 많은 사람들이 일을 먹고살기 위한 필요악으로만 생각한다. '시간은 돈'이라는 이 사회의 경제 논리는 효율성의 극대화와 비용 절감만을 외쳐댄다. 우리 역시 직장에서 보내는 시간을 최대한 빨리 '해치우고' 싶어 한다. 하지만 이렇게 '해치워 버린' 시간을 따져 보면 아마 인생의 절반이 넘을지도 모른다. 노란 포스트잇에 당신이 무엇을 적어 넣었는지 다시 한 번 상기해 보라.

아침 출근 시간 버스에, 전철에, 자가용에 올라타면서부터 다가올 하루를 걱정할 필요는 없다. 우리는 그저 그 순간, 동터 오는 새벽을 즐기며 또다시 맞이한 하루를 반기면 그뿐이다. 그리고 이렇게 물어야 한다.

"오늘 하루를 어떤 자세로 임할 것인가? 지금은 무엇을 할 시간인가? 오늘 내게 중요한 일은 무엇인가?"

먼지여, 용서하게나

공감은 아량과 관심으로 시작된다. 아량은 건강한 방식으로 전염될 수 있다. 무언가를 받은 사람은 그것을 받은 만큼 돌려줘야 하는 물물교환이 아니라는 사실을 감지한다. 전혀 예상치 못한 선물을 받았을 때의 그 놀라운 기쁨을 다들 한 번은 느껴 보았을 것이다. 선물을 준 사람의 기쁜 표정을 지켜보는 것 또한 정말로 아름다운 광경이 아닐 수 없다.

아량은 공감으로도 베풀 수 있다. 우리가 사는 세상은 말 그대로 서로 접촉이 거의 없는 황량한 벌판이다. 그러니 상대가 나에게 정말로 중요한 사람이란 것을 알게 해 주는 것 자체가 상대에게 큰 선물이 될 수 있다.

"아주 살짝만 손이 닿아도 친절과 호의의 힘찬 자극을 전달해 줄 수 있다는 걸 발견했지요."

다비드 수사의 이 말처럼 아주 작은 몸짓이 예상치 못한 큰 결과를 낳을 수 있는 법이다.

수도사들에겐 함께하는 식사도 타인에 대한 관심을 배울 수 있는 좋은 기회이다. 성 베네딕트의 규칙에 따르면 수도사들은 자신의 필요보다 이웃의 필요를 먼저 살펴야 한다. 이 규칙을 통해 공감은 물론 이성까지 배울 수 있다는 건 다음 일화에서도 알 수 있다. 한 수도사가 수프를 먹다가 자기 그릇에 빠진 쥐를 발견한다. 어떻게 하지? 수도사는 자신의 욕망보다 이웃의 욕망에 더 관심을 가져야 할 의무가 있다. 그래서 그는 음식을 나누어 주는 수도사를 불러 그에게 말한다.

"내 옆 사람한텐 쥐를 안 주었소."

재미있게도 우주 비행사를 뽑을 때 바로 이 타인의 욕구에 대한 관심을 결정적인 선발 기준으로 삼는다고 한다. 아마도 좁은 공간에서 여러 사람이 몇 달 동안 함께 살아야 하기 때문일 것이다. 그러므로 나는 가장 현대적인 직업인 우주 비행사의 훈련과 인류의 가장 오래된 직업인 수도사의 일상엔 우리가 생각하는 것 이상으로 많은 공통점이 있다고 확신한다.

다비드 수사는 은둔하는 방의 몇 개 되지 않는 가구를 닦는 것도 애무에 가까운 접촉이라 말한다. 타사자라 선원에 있을 때 방청소를 담당하는 젊은 승려들이 서둘러 청소를 마치려고 했다. 그러자 선사는 그들을 꾸짖으며 이렇게 말했다.

"그렇게 하면 안 돼. 비를 손에 들고 손으로 먼지에게 말해야지. '용서하게나. 하지만 지금 자네가 있는 곳은 잘못된 곳이라네. 자네가 있어야 할 곳으로 돌아가도록 우리가 도와주고 싶으니 허락해 주게나.'"

먼지를 그렇게 다루는 사람은 자신과 주변 사람들 역시 사려 깊게 대하기 마련이다.

진정으로 공감하는 법

"물론 가장 큰 고통의 순간에 있는 사람들에겐 아무 말도 할 수 없다. 그저 곁에 있어 줄 뿐이다. 가혹한 시련을 이겨 낸 성경의 인물 욥도 언젠가부터 친구들의 좋은 충고가 서서히 신경에 거슬리기 시작했으니까 말이다. 하지만 일주일 동안 말없이 옆에 앉아 있어 주는 친구들은 힘이 된다. 그것이 중요하다. 옆에 있어 주는 것, 손을 잡고 공감을 보여 주는 것, 그것이 도움이 된다."

다비드의 말처럼 가만히 곁을 지키는 것이 수천 마디의 말보다 훨씬 낫다.

설사 입을 연다 해도 우리가 할 수 있는 말은 이것뿐이다. '네가 지금 이 순간 겪고 있는 고통은 참을 수 있을 거야. 그러니 앞으로 그 고통이 더 심해져서 참지 못할 것이라는 생각은 하지 마. 미래는 미래로 남겨 두고 순간에 머물러.' 우리가 겪는 고통의 원인은 대부분이 현재가 아니라 미래에 대한 염려이다. 지금은 고통스럽지만 참을 만하다. 다만 앞으로 어떻게 될지 몰라 걱정스럽고 괴로운 것이다.

그러니 고통과 존재를 구분할 줄 알아야 한다. 우리는 고통을 겪고 있을 뿐 우리가 고통인 건 아니다. 그리고 그 둘은 엄청난 차이가 있다. 다비드의 말대로 고통은 피할 수 없지만 고통을 겪지 않을 수는 있는 법이니 말이다.

넬슨 만델라가 남아프리카공화국 대통령으로 취임하던 자리에서 데즈먼드 투투 주교는 그를 오분투보토(obuntubotho)가 있는 사람이라고 소개했다. 오분투보토는 인간의 정수이다. 인간성, 상처받기 쉬운 마음, 타인과의 연대감을 뜻하며, 공감과 투철한 의지를 하나로 묶어 준다. 그래서 우리는 누군가에게 그것이 있는지 없는지를 금방 느낄 수가 있다. 유대어로 오분투보토는 인간이란 뜻이다. 마음의 학교는 늘 인간됨의 학교이다. 보다 나은 인간이 된다는 건 얼마나 아름다운 일인가!

13

몰입할 때
기쁨과 의미가 따라온다

"행복의 진짜 원천은 장기적으로 보아 우리와 사회에 유익한 일을 기쁨
으로 행하는 데 있다."

―아리스토텔레스

이탈리아 주재 헝가리 대사였던 칙센트미하이의 아버지는 제2차 세
계대전이 끝나기 직전 부다페스트에 있던 아들과 아내를 베네치아로
불러들인다. 그날 부다페스트의 역에 배웅을 나왔던 친척들의 절반 이
상이 몇 달 후 러시아 점령군에게 목숨을 잃었다.

"고등교육을 받았고 부자였던 내 친척들이 상황을 완전히 잘못 판
단했다는 깨달음은 이후 내 인생에 큰 영향을 미쳤다. 베네치아의 품

격 떨어지는 극장 프로그램에 대해서는 모르는 게 없었던 그들이 정작 코앞에 닥쳐온 위험은 전혀 눈치채지 못했다. 그 정도로 그들은 무식한 러시아 야만인들이 부다페스트를 지키던 독일군을 이길 수는 없다고 확신했다. 내 주변에서 상황을 정확히 간파한 유일한 인물은 우리 아저씨가 사는 건물 경비의 아홉 살짜리 아들이었다. '지금은 다들 잘 살고 안전하다고 생각하겠지만 다섯 달만 지나면 모든 것이 완전히 달라질 거예요.' 그의 말에 나 역시 코웃음을 쳤다. 하지만 대학을 나온 부자들보다 경비의 어린 아들이 정보와 주변의 신호를 더 정확하게 해석하였다. 그 경험 덕에 나는 눈을 떴다. 그리고 나 자신과 다른 사람들이 현실을 외면하지 않고 똑바로 바라볼 수 있도록 돕는 사람이 되자고 결심했다."

칙센트미하이는 철학과 문학, 종교에 관심을 가졌다. 그리고 열다섯 살이 되던 해 스위스에서 우연히 카를 구스타프 융의 강의를 듣게 된다.

"그의 말은 지금까지 내가 들었던 모든 것과 근본적으로 달랐다. 그 순간부터 나는 심리학에 매료되었고, 훗날 미국으로 간 것도 그곳의 공부 여건이 더 나았기 때문이었다."

칙센트미하이는 열네 살 때부터 일을 했기 때문에 학업을 끝마치지 못했다. 당시 미국의 입학허가 시험엔 자격 조건이 없었다. 졸업증명서가 없는 사람도 시험에 응시할 수 있었던 것이다.

그에게 큰 영향을 준 또 하나의 깨달음이 있었다. 살아남은 친척들도 모든 것을 신분과 재산에 따라 평가하던 사람들이었다. 따라서 가진 재산을 다 잃자 그들은 인생의 전망마저 완전히 잃고 말았다. 온전히 재산에 의존하여 살았기 때문에 내적 동인이 전혀 없었던 것이다. 그 모습을 지켜보며 그는 자신과 다른 사람들에게 장기적으로 의미를 부여하는 일을 하리라 결심하였다. 무지와 자아도취, 돈 사냥이 전부인 세상에서 살고 싶지 않았다. 그래서 찾은 것이 기쁨의 연구였다. 그는 인간의 행동을 자극하는 것이 무엇이며 그 과정에서 인간은 어떻게 기쁨과 의미를 발견할 수 있는지 알고 싶었다.

마음의 학교는 기쁨의 학교이기도 하다. 이제 칙센트미하이가 경험적 사회 연구를 통해 얻은 결론을 배우면서 우리는 다시 한 번 놀라게 될 것이다. 그의 행동지침이 행복의 길로 안내하는 다비드 수사의 가르침과 너무나 흡사하기 때문이다.

몰입의 탄생

심리학은 늘 인간의 부정적 측면만을 부각시킨다. 당신이 높은 산에 오르는 건 남자다움을 과시하기 위해서다. 당신이 남을 돕는 건 자신이 괜찮은 사람이라고 느끼기 위해서다. 인간의 긍정적 행동은 결함에 대한 보상일 뿐이다.

물론 이런 분석이 일정 정도까지는 정확하다고 볼 수도 있다. 하지만 모든 것의 원인을 인간의 결함과 콤플렉스에서 찾으려는 노력은 미하이 칙센트미하이가 보기엔 옳지 않다. 코페르니쿠스 이전의 천문학이 그랬듯 이런 부정적인 사고는 다양한 그릇된 결론을 낳았다. 태양이 지구를 중심으로 도는 것과 지구가 태양을 중심으로 도는 것은 엄청난 차이가 있다. 마찬가지로 인간을 창조의 중심으로 보는 인간의 자화상은 다윈과 마르크스, 프로이트의 학설로 인해 큰 타격을 받았다. 그들의 이론은 인간의 본성이 얼마나 유약한지, 유전법칙과 사회계급, 충동의 힘이 얼마나 큰지를 가르쳐 주었다. 거기에 아무런 합리적 이유 없이 수백만의 목숨을 빼앗은 제2차 세계대전의 참상은 문명화된 종족이라는 인류의 자화상에 근본적인 의문을 제기하게 만들었다. 인간이란 예나 지금이나 동물의 왕국 백성이며 저급한 충동에 따라 움직이는 동물에 불과하다고 말이다.

곤충들에겐 약육강식의 법칙이 통한다. 하지만 비비 원숭이를 대상으로 한 최근 연구 결과를 보면 가장 힘센 수컷이 집단의 다른 원숭이들을 지배하고 가장 많은 새끼를 낳을 것이라는 우리의 생각이 틀렸다는 사실을 알 수 있다. 칙센트미하이의 한 제자는 케냐에서 16년 동안 비비 원숭이들을 관찰했고, 상당수의 원숭이들이 태어나서 죽기까지의 과정을 직접 목격했다. 그리고 가장 공격적인 원숭이가 집단의 우두머리가 되는 게 아니라 가장 지능적인 사회행동을 보이는 녀석들이 지배자가 된다는 것을 보았다. 그는 지배자가 된 원숭이들이 이런 행동을 어미로부터 배운다는 연구 결과를 내놓았다. 또한 이 원숭이들은 동맹을 맺을 줄 알았고, 공격적인 다른 비비 원숭이들이 공격을 해올 경우 그들을 보호해 줄 많은 친구를 수하에 거느렸다. 이처럼 많은 동물 연구들은 지배적인 아비의 모델 행동보다는 어미의 현명한 사회 행동이 새끼의 집단 내 사회적 지위에 더 큰 영향을 미친다는 사실을 입증한다.

칙센트미하이 역시 많은 베스트셀러 작가들이 그러하듯 처음엔 출판사에서 퇴짜를 맞았다. 최초로 한 출판사에서 반응을 보였던 작품이 진화론에 관한 책이었는데, 출판사 측은 혹시 몰라 그의 원고를 몇몇 '전문가'들에게 돌려 읽혔다. 전문가들의 반응은 최악이었다. 한 사람은 이런 평을 써 보냈다. '칙센트미하이 씨는 진화론에 관해 시중에 나와 있는 거의 모든 책을 섭렵하다시피 했지만 전혀 이해를 못했군요.' 『플로우』가 대 성공을 거둔 후 이 책도 세상의 빛을 보았다. 물론 손을 많이 보았고 제목은 『진화하는 자아』이다(한국어판 제목은 '몰입의 재발견'). 내가 개인적으로 아끼는 책이다.

미하이 칙센트미하이는 진화에서 약육강식의 법칙을 보지 않는다. 협력의 원칙 또한 장기적 생존을 보장하는 가장 효과적인 법칙 중 하나이다. 또 그는 인간의 집단 무의식 저 깊은 곳엔 변화와 개선의 노력이 닻을 내리고 있다고 본다.

"무죄의 시간은 지났다. 우리 종족은 본능만을 따르기엔 너무 강해져 버렸다. 어떤 동기가 우리의 행동을 조종하는지, 우리가 진화에서 어떤 역할을 맡고 있는지 깨달아야만 한다. 나아가 앞으로도 역사를 갖고 싶다면 그 역사를 만들어 갈 준비를 갖추어야만 한다."

행복의 문을 여는 3가지 열쇠

칙센트미하이는 우연히 노는 아이들을 지켜보다가 플로우를 발견했다. 플로우란 우리가 어떤 행위에 완전히 몰입하여 시간 가는 줄을 모를 때 생기는 감정이다. 즉, 너무 정신이 팔려 눈 깜짝할 사이 시간이 지나가고 자신과 세계가 분리되어 있다는 사실을 느끼지 못하는 상태이다. 누구나 그런 경험이 있을 것이다. 어릴 적 엄마가 데리러 올 때까지 해가 지는 줄도 모르고 놀이터에서 신 나게 놀았던 기억.

칙센트미하이는 또 위대한 영적 전통들엔 공통점이 있다는 사실도 깨달았다. 인도의 요가는 자아와 타자의 경계를 허문다는 목표하에 몸에 대한 완벽한 통제를 추구한다. 플로우의 가장 중요한 특징 중 하나도 외적인 보상을 바라서가 아니라 상태 그 자체를 위해 이런 체험에 몸을 던지는 것이다. 그리고 당연히 이런 체험은 여가와 일을 엄격하게 구분하는 우리의 사고방식에 급격한 변화를 불러온다. 플로우와 그로 인한 기쁨을 모든 행위에서 맛볼 수 있기 때문이다. 다비드 수사라면 아마 이렇게 말했을 것이다. "겉보기엔 무의미하고 힘들어 보이지만 모든 행위는 플로우를 경험하고 그에 감사할 수 있는 기회를 제공한다."

그렇다면 우리를 긍정적 행복의 소용돌이로 몰아넣을 3가지 요소는 무엇일까? 바로 플로우, 의미, 기쁨이다.

어떤 일에 몰두하면 플로우가 생겨난다. 그 과정에서 우리가 만들어 내는 것은 우리에게 의미를 지닌다. 그리고 그로부터 우리는 기쁨을 얻는다.

달리 표현해 보면, 우리 스스로가 의미 있다고 느끼는 어떤 일에 완전히 빠져 있으면 우리는 플로우를 경험한다. 그로부터 생겨나는 기쁨은 행복한 삶으로 가는 열쇠이다.

물론 의미는 개인에 따라 천차만별이다. 하지만 대부분의 사람들은 퍼즐을 푸는 것보다는 어려운 사람을 돕는 것이 더 의미 있다고 생각할 것이다. 마더 테레사의 활동이 포뮬러원 경주에서 승리하는 것보다 의미 있는 행위라는 주장에도 많은 사람이 동의할 것이다. 하지만 이와 관계없이 모든 활동은 플로우 체험을 가능하게 한다. 체험의 소중함에는 순위가 없기 때문이다.

그럼에도 어떤 활동이 얼마나 의미가 있느냐의 판단 기준은 있을수 있다. 예를 들어 그 활동이 한 분야의 좁은 틀을 얼마나 벗어나느냐가 기준이 될 수 있다. 세계 최고의 바둑기사와 골퍼는 자기 분야에서는 둘도 없는 사람으로 꼽힌다. 하지만 넬슨 만델라의 업적은 마라톤 세계 기록 보유자가 이룬 것보다 훨씬 많은 사람들에게 영향을 미칠 것이다. 더구나 넬슨 만델라는 인간이 삶에서 의미를 찾을 경우 얼마나 엄청난 상처를 딛고 일어설 수 있는지를 보여 주는 대표적인 사레이기도 하다.

우리 아이들에게도 플로우가 있을까? 아이들이 노는 광경을 바라보고 있으면 전문적인 지식이 없는 사람도 플로우 효과가 무엇인지 금방 알 수 있다. 그것을 일과 다른 놀이로 구분하는 것은 어른들의 피상적인 관점뿐이다. 일과 놀이, 이 두 개념은 자칫 혼란을 초래할 수 있다. 우리를 기쁘게 하는 것과 따분하게 혹은 두렵게 만드는 것을 구분해야 마땅한 곳에서 인위적으로 진지함과 재미를 구분의 잣대로 들이대니 말이다.

마리아 몬테소리는 100년도 더 전에 이미 이런 사실을 깨달았다. 아이들을 자기들끼리 놀게 내버려 두면 반드시 플로우 상황을 찾아낸다. 아이들은 지금 자신들의 능력으로 할 수 있는 만큼만 판을 벌인다. 그 한계를 넘어서면 즉각 그 행위를 중단한다. 놀이의 가능성이 소진되었거나 자신들의 능력이 한계에 봉착했기 때문이다. 이런 방식으로 아이들은 모래성 쌓기, 자전거 타기, 노래하고 춤추기, 멀리뛰기를 배운다. 아이들이 휴대전화나 컴퓨터 게임 등 복잡한 기계 작동법을 쉽게 배우는 이유도 바로 그 때문이다. 하지만 아무 목적도 없어 보이는, 그냥 놀고 있는 것 같은 이런 학습 방식이 학교에서 가르치는 추상적인 교육 방식보다 훨씬 효과가 크다.

아이들의 행동에서 관찰할 수 있는 이런 비밀은 우리 어른들이 보수도 보상도 없는 일에 기쁜 마음으로 참여하는 이유와 동일하다. 그런 일을 하는 이유는 해야 하기 때문이 아니라 일 그 자체에 있다. 하루 종일 시계만 쳐다보며 퇴근을 기다리는 의욕 없는 회사원이 공휴일만 되면 새벽부터 일어나 가구를 제작하고 마라톤 시합에 참가하고 텃밭을 가꾸는 이유가 무엇이겠는가? 그 행위가 선사하는 행복 때문이다.

아이들을 행복하게 만들기 위해 할 수 있는 일

결과가 나왔느냐 아니면 그냥 시간 낭비였느냐의 기준에 따라 아이들의 행위를 구분하는 바로 그 순간, 우리는 자신도 모르는 사이 우리를 괴롭히는 비인간화의 대열에 동참하게 된다. 유익한 것과 그저 즐거운 것을 구분하는 것은 비인간적인 우리 사회의 바탕에 깔린 사고다. 아이들은 너무 일찍부터 놀이의 기쁨을 잘 짜인 여가 활동이나 소비의 만족과 혼동하게 된다. 끝없는 이벤트가 쏟아져도 따분하다는 그들의 불평은, 그래서 더더욱 우리가 귀 기울여야 할 경고인 것이다.

하지만 칙센트미하이는 건강한 교육에 필요한 모든 요건이 갖춰져 있다고 말한다. 그저 텀블링에서부터 전쟁놀이, 저글링, 댄스에 이르기까지 몸으로 할 수 없는 게 없다는 사실을 아이들에게 보여 주기만 하면 된다. 아이들은 저절로 배운다. 호흡을 잘 조절하면 노래를 부르고 소리를 지르고 시를 낭송할 수 있으며, 손의 힘을 잘 조절하면 점토를 주무르고 색깔을 칠하고 공구를 사용할 수 있다는 사실을 말이다.

칙센트미하이는 최초의 교육은 인위적일 수밖에 없다는 점을 인정한다. 주변에 흩어진 소리와 음조로 음악의 틀을 만들고 난립하는 단어와 문장을 짜 맞추어 언어의 탑을 쌓는 법을 가르쳐야 하는 것이다. 하지만 그다음부터는 아이들의 손에 맡겨야 한다. 타고난 신체적, 정신적 능력을 마음껏 펼칠 수 있는 법을 배운 아이는 결코 지루할 틈이 없다. 놀이를 통해 능력을 계발하면서 플로우를 경험하고 자존감을 키울 수 있기 때문이다. 이런 긍정적 감정은 그냥 놀고 있거나 어려운 수학 문제를 풀거나 관계없이 경험할 수가 있다.

긴장과 집중을 요하는 작업은 반드시 불쾌감을 낳을 것이라는 생각은 틀렸다. 그러므로 아이들에게 두 시간 공부하면 초콜릿을 준다거나 돈을 준다는 식의 '매수 작전'은 아주 잘못된 교육 방식이다. 노동의 고통을 소비로 보상하는 이 사회의 그릇된 여가 활용법을 아이들에게 가르치는 결과를 초래할 수 있기 때문이다. 엄마나 아빠가 따뜻하게 안아 주며 진심으로 '참 잘했어'라고 격려해 주는 것이 진정으로 아이를 존중하는 태도이다.

아이의 재능을 키워 주고 싶은 부모에게 필요한 것은 정확성, 주의력, 창의성이다. 부모의 요구가 너무 적으면 아이는 따분함을 느끼고, 부모의 요구가 너무 과할 경우 아이는 절망에 빠질 확률이 높다. 그렇지만 이 둘을 피해 가는 그 좁디좁은 길을 찾기란 말처럼 쉬운 일이 아닐 것이다.

부모와 교사가 즐겁게 공부할 수 있는 방법을 고민한다면 아이들의 학습 능률은 자동적으로 올라갈 것이다. 아이 개개인의 능력을 고려하고 플로우의 적인 두려움과 따분함을 피하려 노력한다면 모든 교재를 재미있게 만들 수 있다. 이론적으로는 그렇다. 그런데 이런 이론을 실천에 옮긴 놀라운 사례가 있다. 인디애나폴리스의 키 스쿨(Key school)은 플로우 원칙과 하버드 대학 교수인 하워드 가드너의 다중 지능 개념을 기초로 삼은 세계 최초의 학교이다.

아이가 타고난 재능을 즐겁게 계발하도록 도울 수 있는 길은 아주 다양하다. 타고난 재능은 행복의 원천이 될 수 있고, 나아가 직업적 성공의 원천이 될 수 있다.

칙센트미하이의 한 연구 팀이 600명의 미국 학생들을 대상으로 4년 동안 연구를 실시하여 이 중 어떤 아이들이 최고 대학에 입학하는지를 조사했다. 결과는 놀라웠다. 4년 후 미국 최고 대학에 입학한 15세 청소년의 90퍼센트가 아래 2가지 요건을 갖추고 있었다.

1. 집안에 50권 이상의 책이 있었다.
2. 아이의 방에 TV가 없었다.

동화가 지닌 힘에 대해 잠깐 이야기하고 싶다. 아이들은 부모가 읽어 주는 동화로부터 인간의 온기를 느끼게 된다. 유명한 아동 심리학자 브루노 베텔하임은 이미 1970년대 중반부터 확신을 갖고 동화의 힘을 강조한 바 있다. 『옛 이야기의 매력』은 특히 많이 인용되는 그의 유명 저서이다. 베텔하임은 성장 단계에 관계 없이 모든 아이들이 동화를 다른 종류의 아동 서적보다 좋아한다고 주장했다.

아이들은 동화를 통해 아무리 힘든 일이 닥쳐도 그 상황을 이겨 낸 모델을 만난다. 어린 소년이 용을 죽이는 기사가 되고, 계모에게 구박받는 소녀가 공주가 될 수 있다는 사실을 배우게 되는 것이다. 유명한 독일 고전주의 작가 프리드리히 실러 역시 어린 시절 동화를 읽는 것이 얼마나 좋은 경험인지를 강조한 바 있다.

"인생이 가르치는 진리보다 어린 시절 읽는 동화에 더 깊은 의미가 숨어 있다."

에리히 브룬마이어의 연구 결과 역시 부모가 동화를 읽어 주었던 아이들과 그렇지 않은 아이들이 부정적인 경험에 다르게 대처한다는 사실을 입증한다. 연구 대상 아동의 15퍼센트는 한 번도 부모에게 동화를 들어 본 적이 없었다. 이 아이들은 다른 아동들에 비해 부모의 부부 싸움, 친구들의 따돌림과 폭력에 훨씬 많은 상처를 받았다.

칙센트미하이 역시 부모가 동화를 읽어 주거나 옛날이야기를 들려주면서 아이에게 보여 주는 관심과 사랑은 아이의 긍정적 발전에 엄청나게 중요하다고 주장한다. 이처럼 동화는 아이들에게 아무리 힘든 상황이 닥쳐도 생존의 방법이 있다는 사실을 깨닫게 해 주는 모델이다.

학자인 미하이 칙센트미하이와 베네딕트회의 수도사 다비드는 사용하는 언어가 다를지 몰라도 우리에게 전하는 메시지는 다르지 않다.

그들이 전하는 메시지는 이렇게 5가지로 요약할 수 있다.

1. 기쁨은 물질적 척도와 관계가 없다. 가장 좋은 실례가 사랑이다.
2. 행복은 보상이 아니라 행위 그 자체에서 온다. 보상을 생각해 어떤 일을 하는 사람은 목적론적 사고에 빠진 사람이고, 이런 사고는 플로우 체험을 망친다.
3. 유익한 일은 힘들고 가치 없는 일은 즐겁다? 누가 그렇게 말하는가? 먹고 마시고 노는 것도 과하면 우리의 감각을 무디게 할 수 있다. 하지만 청소나 놀이 등 겉보기엔 비생산적인 것 같은 일들도 기쁨의 기회가 될 수 있다.
4. 행복의 체험은 순간이다.
5. 지금 하고 있는 일을 진심으로 하라.

우리 아이들에게 이 5가지 원칙을 가르치는 것이야말로 이 세상 최고의 교육일 것이다.

14

한 몽상가의 용기가 어떻게
사람들을 변화시켰는가

당신이 피츠버그에 사는 흑인인데 그 지역 청소년들을 위해 학교와 교육센터를 짓겠다고 결심했다면 어떻게 했겠는가? 아마 지역 유지를 찾아가 버려진 공장 건물과 직장 없는 젊은 교사 몇 사람, 그리고 보조금을 요청했을 것이다. 하지만 빌 스트릭랜드는 달랐다.

그는 유명 건축가 프랭크 로이드 라이트의 한 제자를 설득하여 세상에서 단 하나밖에 없는 청소년 교육센터의 모형을 만들게 했다. 모형의 가격만 해도 1만 달러로, 그가 당시 가진 돈보다 많았다. 모형을 무기로 그는 후원자가 될 만한 사람들을 찾아다니며 자신의 비전을 설명했고, 그들은 이렇게 물었다.

"가난한 청소년들을 대상으로 하는 교육센터치고는 너무 비싸지 않나요?"

그는 이렇게 대답했다.

"이건 가난한 사람들의 센터가 아니라 성공센터입니다."

"건축비가 얼마나 들까요?"

"5백만 달러입니다."

"빌, 그만두시죠. 우리에게 필요한 건 맨체스터의 타지마할이 아니잖습니까."

맨처스터는 위험하기로 소문난 피츠버그 중심가의 한 지역 이름이다. 빌은 바로 그 맨체스터에서 자랐다. 지금의 맨체스터 비드웰 센터가 있는 자리에서 불과 네 블럭 떨어진 곳이었다.

빈민가에도 분수가 있어야 한다

현재 맨체스터 비드웰에선 세 동의 건물에서 150명의 직원이 일하고 있다. 빈민 가정 및 편부모 가정의 아동 및 청소년 1,200명이 해마다 이곳의 다양한 프로그램에 참가한다. 이곳을 거쳐 간 아이들의 90퍼센트가 고등학교에 진학하고 85퍼센트는 대학에까지 진학한다. 이 수치는 빈민가 아이들의 평균 대학 진학률이 10퍼센트인 것을 감안할 때 엄청난 수치가 아닐 수 없다. 센터 앞에는 호화 호텔처럼 거대한 분수가 있고 그 안에는 싱싱한 난초들이 자라고 있으며 건물 전체가 빛으로 환하다. 보통의 학교에서 느껴지는 숨 막히는 분위기나 차가운 거리감 같은 건 전혀 없다. "신은 물과 꽃과 빛과 아름다움을 모두를 위해 창조하였습니다. 부자들만 보라고 만든 게 아니지요. 물론 분수가 꼭 필요한 건 아닐 겁니다. 하지만 나는 이곳에 오는 모든 사람들에게 입구에서부터 그들이 얼마나 성공을 거둘 것인지 보여 주고 싶습니다."

이것이 스트릭랜드의 교육 철학이다.

이곳엔 그사이 미국 빈민가에 있는 대부분의 학교들이 갖추게 된 필수 요소들이 빠져 있다. 무장한 안전요원과 금속 탐지기가 장착된 출입문 말이다. 그 대신 카페테리아에서 즐길 수 있는 맛난 음식과 벽에 걸린 미술관 뺨치는 예술 작품들이 있다. 사진 강습 과정에 참가한 학생들은 첫날 값비싼 카메라를 한 대씩 받고는 어안이 벙벙해진다. 콘서트홀에선 세계 최고의 재즈 음악가들이 무료 공연을 연다.

이 모든 것이 정신 나간 몽상가의 변덕이 아니라 성공전략의 중요한 부분이라는 건 결과가 입증하고 있다. 세계 최고의 범죄율을 자랑하는 지역임에도 맨체스터 비드웰엔 단 한 번도 경찰이 출동한 적이 없었다. 폭력사태도 주차장의 자동차 도난 사건도 없었고, 하다못해 벽에 스프레이로 낙서를 하는 학생도 없었다. 센터의 문턱만 넘으면 아이들의 유전자에 놀라운 변화가 일어나는 걸까?

"우리는 학생들에게 우리가 그들을 믿고 있다는 것을 보여 줍니다. 그리고 아이들은 그들이 신뢰받을 수 있다는 걸 배우지요. 우리는 아이들을 아주 존중하고, 아이들은 공손한 태도로 그에 보상을 합니다.

살면서 아름답고 즐거운 일을 한 번도 경험하지 못한 사람들에겐 어떻게 해야 더 많은 것을 인생에서 길어 낼 수 있을지 가르쳐 줄 수 없습니다. 온 세상이 그들이 사는 빈민가처럼 칙칙하고 어둡다고 생각하는 라틴계와 흑인 아이들이 이곳에서 난생처음으로 난초 향기를 맡고 최고의 재즈 음악을 들을 수 있습니다."

빈민가의 가장 나쁜 선물은 부정적인 생각이다.

"나처럼 자란 대부분의 흑인들은 학교를 세우지 않습니다. 마약을 하다가 감옥에 들어가지요. 이웃집에 살던 한 소년은 특별하게 눈에 띄는 아이가 아니었는데 어느 날 가게에 들어가서 젊은 직원의 머리에 총을 쏘았습니다. 그가 자기 여자 친구한테 추근거렸다고 하더군요. 경찰관에게 무표정한 얼굴로 그렇게 말했답니다.

제 동창생들은 그동안 얼마나 힘든 삶을 살았는지 다들 백 살은 되어 보입니다. 저 역시 의식하지는 못했지만 어린 시절의 상처가 깊고 심각했습니다. 제가 그들과 달랐던 건 그저 주변 사람들처럼 살고 싶지 않다는 생각을 했다는 사실뿐입니다. 어머니께 감사드립니다. 다른 세상이, 더 나은 세상이 있다는 것을 늘 제게 보여 주셨거든요.

센터에 오는 아이들의 어두움과 고통을 저는 잘 이해합니다. 저 자신도 바로 그런 기분으로 살았으니까요. 아무리 둘러보아도 세상엔 나 혼자뿐입니다. 바깥세상과는 아무런 접촉도 없지요. 눈에 보이는 건 마약을 하고 폭력을 휘두르는 인간들뿐. 말은 할 줄 아는데 아무도 내 말에 귀 기울여 주지 않는 그 절망감도 저는 충분히 이해합니다. 이 아이들에겐 기대도, 희망도, 꿈도 없습니다. 상상으로조차 영웅이 되지 못합니다. 상상 속에서도 겨우 목숨을 부지한 인간일 뿐이지요."

"하루하루 살아가는 아이들이군요." 내가 말한다.

"아뇨. 시간시간을 살아가는 아이들이지요." 빌이 내 말을 정정한다.

이 아이들은 80달러짜리 운동화 때문에 사람을 죽인다. 생명을 존중해야 한다는 사실을 모르기 때문이다. 그들이 아는 건 최신 유행하는 운동화가 이 세상에서 상당한 지위를 보장한다는 사실뿐이다. 그들의 머릿속에선 운동화와 목숨이 동일하다. 심지어 존중과 같은 개념을 표현할 언어도 없다.

"센터의 가장 중요한 임무는 아이들이 새롭게 현실을 인식하도록 도와주는 겁니다. 그들이 좋은 일을 할 수 있는 능력을 갖춘 소중한 인간이라는 사실을 보여 주는 거지요."

그러다 보면 언젠가 그 대가로 아이들에게 존중받는 행복한 체험도 하게 된다.

"'아이디어 정말 좋은데! 정말 멋지다!' 같은 칭찬을 난생처음 듣는다는 것, 바로 그것이 이 아이들에게 결정적인 첫걸음이 됩니다."

대부분의 아이들은 학교가 끝나면 빌 스트릭랜드의 직업훈련센터로와서 서너 시간 머물다 집으로 돌아간다. 그러니 하루의 대부분을 빈민가의 친구들이나 가족과 보내는 셈이다. 어떻게 그게 가능할까?

"우리는 아이들에게 암과 싸우는 건강한 세포를 이식시킵니다. 아이들에게 약효가 강한 약을 주는 거지요. 절망과 낙담은 무서운 질병입니다. 말라리아에 걸린 사람에겐 아주 작은 알약 한 알을 줍니다. 그것이 말라리아균 전체와 싸워 승리를 거두지요. 우리가 바로 그 작은 알약입니다. 이곳에서 병을 이긴 아이들이 많아질수록 이 지역 전체에 미치는 영향력도 커집니다. 언젠가부터 아이들은 새로운 언어를 사용하고 그것이 그들의 가족에게도 영향을 미칩니다. 아이들은 대학에 들어가고 그곳에서 힘을 키워 다시 이곳 피츠버그로 돌아오지요. 심리치료사라면 알 겁니다. 인간이 변하려면 일정한 시간이 걸립니다. 우리도 그렇습니다. 우리가 여기서 하는 모든 일, 좋은 음식과 멋진 건물, 난초는 인간의 영혼을 잡아먹는 암세포와 맞서 싸우는 약인 셈이지요. 우리는 이곳에서 기적을 파는 게 아닙니다. 그저 좀 힘든 일을 하고 있는 거지요."

모든 것이 한줌의 점토에서 시작했다

"저의 스승이자 멘토였던 프랭크 로스는 한 덩어리의 점토가 인생이라고 가르치셨죠. 점토를 빚어 화병을 만들듯 상상력과 재능, 세심함을 무기로 삼아 자신의 미래를 만들어 나갈 수 있다고 말입니다. 제가 지금 하고 있는 일은 시작이 아니었습니다. 성찰과 탐색이라는 긴 과정의 끝이었지요. 저에게 점토 공예는 주변의 아이들을 올바른 방향으로 이끌고 싶었던 제 마음의 표현이었을 뿐입니다. 저는 점토로 무언가를 할 수 있었습니다. 아이들에게 긍정적인 일을 할 수 있었고 내 이웃을 개선시키는 데 기여할 수 있었습니다."

점토 공예는 학생들뿐 아니라 그 주변 사람들에게까지 긍정적 영향을 미치는 마약이다.

샤리프 베이는 열네 살 때 처음 센터에 발을 들여놓았다. 피츠버그 중에서도 가장 못사는 동네 출신이었고 가정환경도 엉망이었다. 처음엔 목소리가 워낙 작아 말을 알아들을 수 없었고 말주변도 너무 없었다. 점토 공예반에 들었지만 선생님이 뭐라고 하건 말건 혼자 구석에 앉아 멍하니 허공만 바라보았다. 그래도 선생님은 매일 그에게 제 몫의 점토를 주었고 언젠가부터 샤리프도 돌림판 앞에 앉아 뭔가를 만들기 시작했다. 그는 누구보다 빨리 기술을 익혔고 형태와 색깔에 대한 감각도 수준급이었다. 그의 손에서 작은 예술작품들이 탄생했다. 하지만 그보다 더 멋진 일이 일어났다. 의미 있는 일을 했을 때 느낄 수 있는 행복을 그가 난생처음 깨닫게 된 것이다. 샤리프는 그런 성취감을 더 맛보고 싶어 위대한 도예가들의 작품을 연구하기 시작했다. 그리고 후배들에게 기술을 전수했고, 얼굴에 웃음을 띠고서 주변 세상과 소통하기 시작했다. 한마디로 그가 새사람이 된 것이다. 샤리프는 대학에 장학생으로 들어갔고 미술대학 대학원에 진학했으며 현재 윈스턴 세일럼 주립대학의 교수로 재직 중이다.

이 소년의 삶에서 결정적인 전환점은 무엇이었을까?

"그가 자신을 믿기 시작했을 때였죠. 우리가 이곳에서 가르치는 가장 중요한 것도 바로 그것입니다. 처음엔 저도 그를 보며 반신반의했습니다. 우리가 들려준 이야기를 샤리프가 믿게 되기까지는 2년이라는 긴 시간이 걸렸습니다."

빌 스트릭랜드는 그 많은 돈을 어떻게 구했을까? 맨체스터 비드웰 센터의 최고 후원자는 미국 상원의원 존 하인츠였다. 소스와 케첩을 파는 그 유명한 생필품 제국의 일원 말이다. 그는 스트릭랜드를 자기 사무실로 불러 기존 프로그램에 생필품 훈련 프로그램을 추가한다면 후원을 하겠다고 제안했다. 스트릭랜드는 생필품과 관련된 경험이 없고 지금까지 주로 건축 관련 직업 훈련만 해 왔다며 거부하려 했다.

"그럼 우리가 당신에게 10만 달러를 준다면 어쩌겠소?"

스트릭랜드가 대답했다.

"당연히 되지요. 하인츠 씨, 지금 이 순간부터 생필품 기업에서 일하기로 결정을 내렸습니다."

물론 이 아름다운 이야기가 관공서와 기업, 정치가의 사무실을 발이 닳도록 찾아다녔던 빌 스트릭랜드의 노력을 다 감출 수는 없다. 그는 후원자를 찾기까지 수없이 많은 사람들을 만나 설득하고 또 설득했다.

더 나은 세상을 만드는 데 드는 비용

맨체스터 비드웰 센터에서 한 학생에게 투자하는 연간 비용은 얼마나 될까? 여기에는 훌륭한 식사와 뛰어난 교사, 건물과 난초의 유지비, 기타 모든 프로그램에 드는 비용이 포함된다.

답은 1만 달러.

그렇다면 전과가 많아서 범죄 가능성이 높은 청소년을 감옥에 가두는 데 드는 연간 비용은 얼마나 될까?

답은 5만 달러.

딱히 수학실력이 좋을 필요도 없다. 누구라도 알 수 있다. 우수한 교사를 갖춘 멋진 학교를 운영하는 데 드는 비용보다 중무장한 간수와 첨단 보안시설을 갖춘 교도소를 운영하는 데 드는 비용이 5배나 된다. 또 아무리 범죄 가능성이 높다 하더라도 청소년들을 오랫동안 사회와 격리시키는 행위 자체가 사회를 위해 큰 도움이 안 된다.

사실 이런 자료가 뻔히 있는데도 왜 우리는 학교보다 교도소를 더 나은 해결책으로 생각하는 걸까?

"인간이 복잡한 존재라서 그렇습니다."

빌이 웃으며 대답한다.

"우리의 정치 시스템을 조종하는 이들은 다른 판단 기준을 갖고 있는 사람들이지요. 혁신을 억압해 온 이유는 그것으로는 선거에서 승리할 수 없기 때문입니다. 혁신은 독립심과 기업가적 사고를 필요로 하지만 바로 이것이야말로 세상이 변하면 존립이 위태로울 수 있는 많은 노동조합원과 관료들을 위협하지요. 따라서 선거에 이기고 싶은 후보는 그런 집단을 찾지 절 찾아오지 않습니다. 그래도 전 불평하지 않습니다. 불평만 늘어놓았다면 이 센터는 존재하지 못했을 테니까요. 여기서 일어나고 있는 일들이 사회에 엄청난 보상을 가져다준다는 저의 주장을 많은 사람들이 인정해 주었습니다. 하지만 100배의 의미가 있다 해도 우리는 계속 쉬지 않고 싸워야 합니다."

혁신적인 기업가들이 그렇듯 빌 스트릭랜드 역시 역사 속에 자취를 남겼다. 물론 만사가 그의 꿈대로 될 수 있을 것이라고 믿는 사람은 없지만 빌 스트릭랜드의 논리는 확실하다. 미국에 사는 흑인 및 라틴계 아이들의 50퍼센트가 학교를 졸업하지 못한다면 째깍거리는 사회의 시한폭탄은 날로 커져만 갈 것이다.

"전 이론가가 아니라 실천가입니다. 매일 아침 이곳에 와서 이렇게 힘든 현실에서 이곳 청소년들에게 기회를 주려 합니다. 인간을 잘 대우하는 것, 인간에게 아름다움을 누리도록 가르치는 것, 몸에 좋은 음식을 대접하는 것, 그것이 제 일입니다."

무하마드 유누스는 그라민 은행의 창설자이다. 세계 최고의 빈국에서 빈민들에게 돈을 빌려주는 이른바 '마이크로 크레디트' 제도를 실천에 옮기는 은행이다. 2006년 그는 이런 활동의 공로로 노벨 평화상을 수상했다. 그때까지 세계는 그에 대해 아는 바가 전혀 없었다. 오늘날 빌 스트릭랜드를 아는 사람이 거의 없듯이 말이다. 스트릭랜드의 꿈은 자신의 아이디어를 수출하여 전 세계에 100개의 센터를 설립하는 것이다. 그리고 현재 이스라엘, 요하네스버그, 상파울루에 그의 센터가 들어설 예정이다. 무하마드 유누스와 빌 스트릭랜드는 비전을 위해 인생을 바친 인물이다. 그렇다면 과연 그 노벨 평화상 수상자와 피츠버그 빈민가의 직업훈련센터는 우리의 삶과 무슨 관련이 있을까?

나는 이 책을 집필하기 위해 많은 사람들을 만났다. 그중에는 사람들에게 알려지지는 않았지만 노벨 인도주의상과 용기상이 있다면 수상하고도 남을 만한 사람들도 많았다. 모두가 거부한 중증 장애인 아동을 자기 학급에 받아들여 준 초등학교 교사, 돈 많이 버는 화려한 직장을 포기하고 호스피스 병동에서 다발 경화증 환자들을 보살피고 있는 젊은 간병인, 자기 공부할 시간도 빠듯할 텐데 이주 노동자들에게 국어를 가르치는 여대생. 왜냐고 묻는 질문에 모두가 같은 대답을 했다.

"오히려 제가 더 많은 것을 받고 있습니다."

다비드 수사는 우리가 어떻게 마음을 열고 매일매일 사소한 일에 감사할 수 있는지를 가르친다. 미하이 칙센트미하이는 모든 활동에서 플로우를 체험하고 기쁨을 맛볼 수 있는 방법을 가르친다. 빌 스트릭랜드는 맨체스터라는 소우주에서 더 나은 세상이 어떤 모습일 수 있는지를 입증한다. 너무도 힘겨운 상황에서 말이다.

우리에게도 할 일이 충분하다. 마음의 학교는 무엇보다 행동에서 시작되기 때문이다. 예를 들면 이런 것들이다.

- 아이에게 옛이야기를 읽어 준다.
- 누군가에게 손수 편지를 써서 감사의 인사를 전한다.
- 하루만이라도 TV를 끈다. 남는 시간에 얼마나 많은 일을 할 수 있을지 놀라게 될 것이다.

이 모두가 아주 사소한 일들이다. 하지만 이런 사소한 일들이 되풀이되다 보면 어느 순간 문득 나도 뭔가 비범한 일을 하고 싶다는 바람이 생길 것이다. 하지만 우리는 대부분 두려움 때문에 자신을 옭아 맨다. 실패할지도 모른다는 두려움, 변화에 대한 막연한 두려움, 혹은 비난받거나 조롱당할지 모른다는 두려움. 예수회 신부인 카를로 마르티니와 게오르크 스포르실은 예수가 지금 살아 있다면 우리 시대의 가장 큰 문제점이 무엇이라고 생각했겠느냐는 한 아이의 질문에 이렇게 대답했다.

"아마 유복한 집안의 청소년들을 일깨워 자기편으로 불러들여서 세상을 바꾸려 했을 거야. 세상을 바꾼다는 건 두려움을 없애고 공격성을 가라앉히며 빈부 격차를 없앤다는 의미지."

마르티니는 추기경이 되어 교황 후보에 오른 적이 있었고 스포르실 신부는 루마니아와 몰다비아에서 거리의 아이들을 보살피고 있다.

우리는 피츠버그의 빈민가 아이들과 예상보다 훨씬 많은 공통점을 갖고 있다. 그들처럼 우리도 두려움을 없애기 위해서는 엄청난 용기가 필요하다. 옳다고 생각하는 일을 하지 못하는 이유는 너무 많은 비용과 시간을 뺏길지 모른다는 두려움 때문이다. 어떤 교육을 받을 것인가, 일을 할 수밖에 없는 상황에서도 시간을 내어 학업을 포기하지 않을 것인가, 꿈에도 그리던 여행길에 오를 것인가, 이런 개인적 결정도 필요하다. 하지만 보다 나은 세상을 위해서는 우리의 교육 시스템을 개혁하여 우리 아이들에게 현대 과학의 최신 정보를 가르칠 것인가, 노인들이 존엄하게 여생을 마칠 수 있도록 노인복지정책을 혁신할 것인가와 같은 사회적 결정도 불가피하다. 마음의 학교를 노리는 최고의 적은 증오가 아니라 효율성이다. 원대한 꿈을 순식간에 말살시키는 치명적인 독, 그것은 늘 '얼마'와 '어떻게'의 질문으로 시작된다.

어떻게 할 수 있겠어?
얼마나 걸리지?
얼마나 비용이 들지?

그런 질문으로는 진정으로 의미 있는 대답에 이를 수 없다. 대신 우리는 이렇게 물어야 한다.

가치 있는 일일까?
그 일이 실제로 변화를 불러올까?
그 일이 인간의 삶을 윤택하게 만들까?

15

우리는 어떻게 세상과
화해할 수 있을까?

용서는 우연의 산물이 아니다. 용서는 우리가 내리는 결정이다. 따라서 우리는 우리에게 부당한 짓을 한 사람, 고통을 주고 나쁜 짓을 한 사람을 절대 용서하지 않겠다는 결정을 내릴 수 있다. 그건 누구의 허락도 필요치 않은, 오로지 우리만의 결정이다. 누군가에게 깊은 상처를 받았다면 우리에겐 분노하고 화를 낼 권리가 있다. 그리고 거꾸로 우리가 누군가에게 나쁜 짓을 했다면 자책에 시달릴 수도 있다. 그런 상처와 고통은 시간이 가면서 점차 줄어들다가 어느 날 나도 모르는 사이 씻은 듯 사라질 수도 있겠지만 우리 마음에 둥지를 틀고 앉아 어디를 가나 우리의 생각과 행동, 나아가 인생을 좌지우지할 수도 있다.

우리 주변에는 만날 때마다 자신의 상처를 입에 올리는 사람들이 있다. 처음에는 우리도 신경 써서 들어주고 공감을 표하고 위로를 해준다. 하지만 시간이 흐르면 우리에겐 그 사람의 생각을 긍정적인 방향으로 이끌어 주고 싶은 마음이 일어난다. 하지만 그 사람들은 썩은 널빤지처럼 제자리에 매달려 일그러진 표정과 새된 목소리로 자신의 수난사만 되풀이하고, 결국 지친 우리도 더 이상 그들의 말에 귀를 기울이지 않게 된다.

하지만 막상 우리 자신이 그런 상처를 입게 될 경우 우리는 그 끝없는 한탄의 악순환의 고리를 끊기가 얼마나 힘든지 뼈저리게 느낄 것이다. 우리가 겪은 부당한 일에 대한 기억이 우리의 생각과 행동과 감정을 지배한다. 우리의 뇌는 특정 감정이 우리에게 유익한지 해가 되는지를 구분하지 못한다. 따라서 우리가 부정적인 상상에 빠져 허우적거릴 때도 전달물질을 마구 뿜어내고, 우리는 시간이 가면서 그 메커니즘에 의존하게 된다. 자기도 모르는 사이 자신의 고통에 중독되는 것이다. 이것은 지극히 정상적인 화학적 과정이다. 분노와 고통은 상처에 대한 필수 반응이다. 분노와 고통을 통해 우리는 경계선을 긋고 미래를 대비할 수 있다. 우리의 감정은 와인과 달리 해가 갈수록 숙성되는 게 아니다. 오히려 시간과 더불어 맛이 변하고 품질이 떨어진다. 우리가 상처를 굳이 다른 사람에게 털어놓으려고 하는 이유도 내게 상처를 준 가해자의 명예를 훼손하고 싶은 충동 때문이다. 그가 얼마나 더러운 인간인지를 천하에 알려 그를 고립시키고 싶은 욕망 때문인 것이다.

상처가 심한 사람들은 용서라는 말을 들으면 심장이 오그라들면서 온갖 종류의 감정이 소용돌이친다. 분노, 상실의 슬픔, 다시는 누군가를 신뢰하지도 사랑하지도 못할 것 같은 두려움이 한데 뒤섞여 밀려온다. 온몸의 세포 하나하나가 상대를 용서할 수도 있다는 생각에 저항한다. 이미 용서를 불가능하게 만드는 생각의 덫에 발이 빠져 있는 것이다. 용서는 무조건 화해를 목적으로 타인을 덮어 준다는 의미가 아니다. 용서는 고통스러운 사건을 잊어버리거나 비열했던 상대의 행동을 너그럽게 용납하거나 앞으로의 고통을 부인한다는 의미가 아니다. 용서를 해 놓고도 상대와 두 번 다시 말을 하지 않을 수 있다. 용서를 했다고 해서 반드시 가해자에 대한 법적 처벌을 포기해야 하는 것도 아니다. 하지만 용서란 가해자가 설사 법적으로 처벌을 받는다고 해도 그것이 일시적인 만족을 줄 뿐 우리의 정서적 고통은 끝나지 않는다는 깨달음이다. 따라서 용서를 가로막는 가장 큰 장애물은 깨달음의 부족이나 나약한 인간성이 아니라 용서의 진정한 의미를 그릇되게 이해하는 것이다.

용서란 상대가 아니라 내가 더 나아진다는 의미이다

- 용서는 당신을 위한 것이지 가해자를 위한 것이 아니다.
- 용서는 생각과 숙면을 당신에게 되돌려준다.
- 용서는 당신의 상처를 낫게 하자는 것이지 가해자의 상처를 낫

게 하자는 게 아니다.

- 용서는 배울 수 있는 능력이다.
- 용서는 당신이 내리는 결정이다.
- 누구나 용서를 배울 수 있다.

누구나 용서를 배울 수 있다고?

"난 그가 나한테 한 짓을 죽을 때까지 용서할 수 없어요. 그 인간처럼 나를 그렇게 속이고 기만하고 뒤통수를 친 사람이 없었어요."

이것이 용서라는 말을 듣는 순간 당신의 입에서 나올 첫 마디일 것이다. 중요한 건 용서가 두 가지 가능성의 문을 열어 준다는 사실이다. 첫 번째 용서는 우리를 속이고 기만하고 나쁜 짓을 한 사람과 다시 얼굴을 보면서 인간관계를 맺거나, 한 걸음 더 나아가 그와 잘해 보려는 것을 목적으로 한다. 어떤 경우에도 고통스러운 과거와 화해하고 설사 지금까지 고통이 계속된다 해도 가해자에게 그 책임을 묻지 않겠다는 의미의 용서도 있다. 하지만 가해자와 두 번 다시 접촉하지 않아도 용서는 가능하다.

'스탠퍼드 대학 용서 프로젝트'는 2가지 다른 연구를 통해 남편과 아들딸을 적에게 잃은 어머니들조차 자신의 고통과 그와 관련된 문제들을 용서를 통해 줄일 수 있다는 사실을 입증했다. 자식을 잃은 부모의 고통보다 더한 고통이 어디 있으랴? 그런데도 그 어머니들이 용서를 통해 문제를 해결했다고 한다.

왜 하필이면 나야?

"나는 이런 경험에서 새롭게 시작할 수 있는 힘을 길러 냈던 부류입니다. 하지만 몇 년 동안, 심지어 남은 여생 전체를 그 쉼표 때문에 괴로워하고 무너지는 사람들을 저는 목격했습니다. 그런 경험은 쉼표라부를 수밖에 없습니다. 그들에겐 그 이전의 삶과 그 이후의 삶만이 존재하기 때문이지요. 새로운 시간 계산법의 시작인 셈입니다. 어쨌든 쉼표 이후 당신의 삶은 이전과 전혀 달라집니다. 물론 어떻게 달라지느냐는 여러분 자신에게 달려 있겠지요."

이것은 한 인간이 겪어야 하는 가장 고통스러운 아픔의 길이 끝나는 지점에서 그 사람의 입에서 나올 선언문이다. 길의 시작엔 늘 비극적인 뉴스가 있다. 자신이나 사랑하는 사람이 불치병을 선고받는다. 그 선고를 거부하고 저항하며 이렇게 묻는다.

"왜 하필이면 나야? 내가 무슨 죄를 지었기에?"

카린 엑스너 뵈러의 경우 그 비극적 사건은 딸 아나벨이 겨우 콜라 두 캔 무게밖에 안 되는 540그램의 몸무게로 세상에 태어난 일이었다. 딸의 심장 박동이 시작된 순간은 생존투쟁의 시작이었고 잠깐의 희망은 더 어두운 진단으로 이내 무너져 내렸다. 태어난 지 10주 만에 어린 생명은 부모의 곁을 떠났다.

"넌 10주 동안 우리가 지금껏 겪었던 것보다 더 많은 고통을 참았어. 하지만 우리보다 더 용감하고 용맹스럽게 그 시련을 견뎌 냈지. 널

존경해. 넌 세상 그 어떤 현자도 가르치지 못한 가르침을 우리에게 남겼어. 그래서 네게 너무 고마워."

이 말과 함께 카린은 딸을 떠나보냈다. 그리고 자신의 경험을 『너무나 부드럽지만 또 너무나 강하게』라는 제목의 감동적인 책에 고스란히 담아냈다. 무서울 정도로 솔직하지만, 바로 그 때문에 그녀의 책은 진한 감동을 안겨 준다. 아이를 잃는 것이 어머니가 겪을 수 있는 최고의 아픔이지만 카린은 그럼에도 새롭게 시작할 수 있다는 것을 보여 주었다. 그리고 그 글을 읽는 우리는 우리가 무슨 일을 겪든 우리의 아픔은 상대적이라는 것을 깨달을 수 있다. 나 혼자만 아픈 게 아니고, 내가 제일 아픈 게 아니라는 깨달음은 누구에게나 큰 위안이 되는 법이다.

"들어 보렴, 파울라. 내가 이야기를 들려줄 거야. 그래야 네가 깨어나더라도 외롭지 않을 테니."

1991년 12월 갑자기 대사장애 질환으로 쓰러져서 의식불명 상태에 빠졌다가 결국 세상을 떠난 딸 파울라의 이야기를 엄마 이사벨 아옌데는 이런 말로 시작했다.

"파울라의 병과 죽음으로 전 일 년 동안 완전히 세상과 담을 쌓고 살았습니다. 제가 할 수 있는 유일한 일은 아이의 손을 잡고 아이의 고통을 느끼는 것이었지요. 글쓰기는 상처를 치료하는 저만의 방식입니다."

이사벨 아옌데는 온 가족을 잃은 한 캄보디아 여성의 이야기도 들려주었다.

"그녀는 그 끔찍한 사건을 글쓰기를 통해 극복했습니다. 글을 통해
실제 사건을 정반대로 바꾸어 버리는 거지요. 그래서 굶어 죽었던 여
동생은 뚱뚱한 처녀가 되고 평생을 가난에 찌들어 살았던 어머니는
루비 반지를 끼고 등장합니다. 헤어졌던 부모는 재결합을 하고요. 글
쓰기와 이야기에는 치유의 효과가 있습니다."

생각의 항공 관제사

프레드 러스킨은 '스탠퍼드 대학 용서 프로젝트'의 책임자로 나름의
경험적 연구를 통해 용서의 효과를 입증했다. 그의 연구 결과를 한마디
로 요약하면 용서란 특별히 마음이 착하거나 현명한 소수에게만 가능
한 영적인 정신 자세가 아니란 것이다. 용서란 정신은 물론 몸도 건강하
게 만드는 아주 실용적인 과정이다. 노벨 평화상 수상자인 지미 카터와
데즈먼드 투투도 후원자 명단에 올랐던, '용서 연구' 차원에서 미국에
서 실시한 50여 건의 연구들도 비슷한 긍정적 결과를 입증한다.

프레드 러스킨이 '스탠퍼드 대학 용서 프로젝트'에 참가할 자원자를
모집하자 관심을 보인 사람들의 80퍼센트가 여성이었다. 이 현상의 원
인을 두고 2가지 설이 있었다. 첫째, 용서가 감성적 주제이므로 주로
여성들이 호응을 보인다. 둘째, 남녀 관계에서 주로 남성이 가해자이기

때문에 용서를 해야 할 주체가 대부분 여성이다. 하지만 둘 다 틀렸다.

주제가 여성적인 것이 아니라 '용서'라는 단어가 남성들에게 거부감을 불러일으켰을 확률이 높다. 실험 참가자의 남녀 비율이 동일해야 한다고 생각했던 러스킨이 이번에는 '깊은 원한이 있는 사람'을 모집한다는 광고를 냈다. 그러자 당장 남자들이 우르르 달려왔다. 자신과 화해할 수 있는 능력은 남녀 모두에게 해당되는 문제이고 또 행복한 삶의 중요한 조건이다.

항공 관제사는 스트레스가 엄청난 직업이다. 상공의 여러 신호를 중요도에 따라 구분하여 비행기의 이륙과 착륙 시점을 결정해야 하기 때문이다. 우리의 머리를 상공이라고 상상하고 그 상공에 비행기 몇 대가 떠 있다고 가정해 보자. 우리 상공에 떠 있는 비행기는 극복하지 못한 과거의 부정적 감정들을 상징한다. 다른 비행기들은 벌써 착륙을 했거나 착륙 준비 중인데 유독 우리의 분노와 고통, 슬픔을 태운 비행기 몇 대만 착륙하지 못하고 몇 주, 몇 달, 몇 년 동안 상공을 맴돌고 있다. 그러자니 공간을 점령한 채 다른 비행기에게 방해가 되고, 더 중요한 일에 쏟아야 할 우리의 관심을 자꾸만 앗아 간다. 비행기의 숫자가 많을수록 당연히 스트레스도 많을 것이다. 착륙하지 못하는 이 비행기들이 바로 스트레스와 심적 부담의 원인이다.

용서는 그 비행기를 착륙시키고 우리의 관심을 과거의 통제 대신 현재의 임무에 집중하겠다는 결정이다.

프레드 러스킨은 4가지 대규모 연구를 통해 용서의 긍정적 효과를 입증한 바 있다. 부모에게 버림받은 아이들, 가족에게 구박받는 노인들, 어린 시절 폭행을 경험한 남녀, 파트너에게 폭행을 당한 남녀를 대상으로 한 비슷한 연구들도 용서 훈련 프로그램의 긍정적 효과를 증명한다. 또 분노나 적대감 등을 몇 년에 걸쳐 계속 떨쳐 버리지 못할 경우 장기적으로 심장 순환계가 손상될 수 있는 의학 연구 결과들도 나와 있다. 굳이 의학적 자료까지 들추지 않더라도 분노와 화가 건강에 해롭다는 건 삼척동자도 다 아는 사실이다. 5분 동안 화나는 일을 생각할 경우 심장 리듬에 이상이 생긴다는 흥미로운 연구 결과도 있지 않은가. 그러니 몇 년 동안 차곡차곡 가슴에 쌓아 둔 분노나 증오가 우리 인생에 어떤 영향을 미칠지는, 너무나 쉽게 상상할 수 있는 일이다.

2백만 달러와 맞바꾼 고통

용서의 가장 큰 걸림돌은 내가 입은 상처는 정의구현 차원에서 보아도 절대 용서가 불가능하다는 확신이다. 그렇다면 한번 이렇게 상상해 보자. 누군가 당신에게 2백만 달러를 줄 테니 2분 안에 용서할 것인지 말 것인지를 결정하라고 제안한다. 당신은 잠깐 생각한 후 서둘러 결론을 내릴 것이다. 계속 고통스러워할 특권을 평생 돈 걱정 안 하며 살 수 있을 큰 돈과 바꾸지 않겠다고 우기는 건 어리석은 짓이라고 말이다. 그 돈이 있으면 당신과 비슷한 일을 겪은 사람들을 도와줄 수도 있는데 말이다.

이번에는 누군가 당신의 머리에 권총을 겨누고 용서할 건지 총에 맞아 죽을 건지 선택을 하라고 종용한다고 상상해 보자. 이 경우도 미치지 않고서야 총에 맞겠다고 할 사람이 없다. 또 환상적인 파트너를 만나게 해 줄 테니 용서를 하라는 제안은 어떤가! 물론 어떤 제안이건 관계없이 수난사를 다른 무엇과 교환할 것인가는 보상의 문제이다. 다시 말해 원칙의 문제가 아니라 동기 부여의 문제인 것이다.

용서는 우리가 사수하던 수난사를 다른 것과 바꾸겠다는 결심이다. 우리에게 과거를 바꿀 힘은 없어도 현재를 변화시킬 힘은 있다는 깨달음이다. 상처가 얼마나 깊건, 얼마나 많건 우리는 무력한 피해자의 역할에서 벗어나 자신의 감정을 책임지는 법을 배울 수 있다. 이것은 황당한 꿈이 아니라 인류의 지혜, 종교의 가르침, 과학의 인식이다. 과학의 첨단 부문이라 할 뇌 연구 역시 인간이 자기 감정에 영향을 미칠 수 있다는 사실을 입증하고 있다.

타인을 용서하는 것보다 자기 자신을 용서하는 것이 더 힘들다는 사람들도 많다. 하지만 둘 다 원칙은 동일하다. 다만 자신을 용서하는 경우 가해자의 행동, 다시 말해 자신의 행동에 변화를 일으킨다는 장점이 하나 더 있다.

수난사를 읊고 있는 사람의 이야기를 듣고 있으면 그 이야기의 주인공이 누구인지 금방알 수 있다. 그들의 이야기에선 늘 나쁜 가해자가 주인공이다. 사기꾼, 거짓말쟁이, 악당, 폭행범, 더러운 놈, 나쁜 놈……
그들이 주연 자리를 꿰차고 있다. 반면 이야기를 하는 사람은 늘 피해
자요, 따라서 항상 패자이다. 하지만 고통을 극복하고 세상과 화해한
사람의 이야기를 듣고 있으면 상황이 정반대가 된다. 이야기를 하는
사람이 주인공이 되며 상처조차 이야기의 일부, 변화와 배움의 계기가
된다. 가해자는 악역으로서 조연을 맡거나 주인공에게 변화의 계기를
마련해 주는 조연이 된다.

변화 과정의 가장 중요한 목표는 우리의 수난사를 우리가 피해자의
역할이 아니라 주연을 맡도록 다시 쓰는 것이다. 나의 경우 비행기 사
고가 내 몸에 큰 상처를 입혔다. 조종사의 실수로 나와 친구 몇 명이
타고 있던 개인 비행기가 추락했다. 명백히 조종사의 실수였고 또 당시
의 내 파트너가 그 사고로 중상을 입었기 때문에 조종사는 법적 처벌
까지 받았다. 나 역시 자칫했으면 생명을 잃을 뻔했고 또 지금까지도
그 사고로 등에 통증을 느낀다. 하지만 나는 그 사건을 가벼운 마음으
로 이야기하고 또 그 조종사에게도 아무런 악감정이 없다. 이유는 아
주 간단하다. 당시 추락 직후 내가 친구 몇 명을 구조하는 바람에 정
신을 차리기도 전에 내가 영웅이 되어 있었다. 수난사를 쓰기 위해 연
필을 들기도 전에 이미 나의 영웅담을 탈고한 상태였던 것이다.

하지만 객관적으로 보아도 지금까지 입은 가장 큰 상처임이 분명
한 그 상처와 달리 훨씬 미미하지만 더 많은 시간을 두고 싸워야만 했
던 다른 상처들이 있다. 그로 인해 무기력한 피해자가 되어 자기 연민

에 빠져들 때마다 내게 분노와 절망, 복수심이 불타올랐다. 그건 아마도 우리에게 상처를 준 사람이 가까운 사람일수록 부정적 감정의 악순환에서 빠져나오기가 더 힘들기 때문이기도 할 것이다. 나에게 중상을 입힌 처음 보는 자동차 운전자를 용서하기가 나를 속인 파트너를 용서하기보다 훨씬 쉬운 법이니 말이다.

하지만 다행스럽게도 우리에게 용서를 도와주는 든든한 동맹군이 있다. 바로 세월, 시간이다. 앞에서 인용한 연구 결과들은 시간이 흐르면 묵은 상처도 아픔이 덜하다는 진리를 입증했다. 연구 결과, 용서를 배운 사람들은 그렇지 않은 사람들에 비해 몸도 더 건강하고, 상처에 대한 대비 전략도 더 훌륭했다. 또한 종교가 있는 사람, 영적 가르침에 따르는 사람들이 더 건강하고 오래 살았다. 종교와 영성이 용서의 능력을 촉진시킬 수 있기 때문이다.

용서의 기술

이성적으로 생각하면 용서를 하는 편이 내게 더 좋은데 왜 감정적으로는 용서가 안 되는 걸까? 성자가 아니어도 용서할 수 있는 방법은 없는 걸까?

다비드 슈타인들 라스트는 용서의 과정을 3단계로 나눈다. 당연히 단계가 올라갈수록 실천하기가 어렵다.

첫 번째, 가장 간단하지만 쉽다고만은 할 수 없는 단계가 바로 포기이다. 힘들지만 우리 모두가 반드시 배워야만 하는 단계이기도 하다. 어머니는 자식이 태어나는 순간 처음으로 자식을 포기해야 한다. 그리고 아이가 학교에 들어가고 사춘기를 맞고, 대학에 들어가는 성장 단계를 밟을 때마다 다시 한 번 자식을 포기해야 한다. 포기란 결코 방치가 아니다. 여기서 말하는 포기는 위를 향하는 행동이다. 포기란 책임을 진다는 뜻이다.

"수도원에 들어가도 우리는 모든 것을 포기해야 합니다. 예를 들어 내 자동차도 내 것이 아니라 공동체의 것이 됩니다. 내 것이 아닌데도 계속 그 자동차를 내 것인 양 다룬다면 그것이 바로 진정한 포기입니다." 그러므로 한 인간을 포기한다는 것은 무엇보다 그 사람에 대한 자신의 기대를 포기한다는 뜻이다.

두 번째는 감사의 마음으로 받아들이는 단계이다. 진정으로 감사할 수 있으려면 마음으로 받아들여야 한다. 감사의 이유를 알 수 없다 해도 우리는 무언가를 포기함으로 인해 생겨나 가능성에 감사할 수 있다. 그날의 실패가 내 인생에 얼마나 득이 되었는지 나중에야 깨닫는 경우가 얼마나 허다한가! 한 사람과 이별하고 그를 진정으로 포기해야만 다른 사람을 만날 여유가 생긴다. 책임이 막중한 일도 포기해야 새로운 임무가 돌아온다. 물론 가장 큰 고통의 순간이 감사의 마음을 배울 최고의 순간인 것은 아니다. 그건 피아노를 처음 배우는 학생이 쇼팽을 치는 것과 같다. 그저 순간순간을 감사의 기회로 생각하면 엄청난 창의성의 기회가 열릴 테지만 반대로 자신을 피해자로만 생각하면 모든 가능성의 문은 닫히고 만다.

다비드 수사는 내게 몇 년 전 자신이 겪었던 큰 상처를 들려주었다. 어떤 임무를 그가 맡기로 약속하고 기대하며 기다리고 있었는데 갑자기 그 임무가 그에게 돌아오지 않게 되어 버린 것이다. 그는 지금까지도 그 이유를 알지 못한다.

"당연히 저는 왜 그들이 그런 결정을 내렸는지 자문하고 또 자문했습니다. 몇 달 동안 그 때문에 괴로웠고 내가 피해자란 생각을 떨쳐 버리지 못했습니다. 그냥 그 물음을 놓아 버리기까지 시간이 한참 걸렸습니다." 그와 같은 현명하고 지혜로운 사람들도 싸워야만 한다는 사실이 얼마나 위안이 되던지…….

세 번째, 가장 힘든 단계는 용서이다. 용서는 마음으로만 할 수 있다. 다시 말해 우리 모두가 하나인 곳에서 용서하는 것이다.

"마음속으로 들어가 보면 작은 방이 나오는 게 아닙니다. 동화에서 바다에 빠지면 갑자기 큰 왕국이 나오듯 마음은 모두가 하나 되어 살아가는 큰 왕국과 같습니다."

이 말은 언젠가 우리에게도 우리의 마음속으로 들어가 그곳에 모든 사람들이, 우리에게 상처를 준 사람들까지 모여 있는 광경을 목격할 순간이 올 것이라는 의미이다. 구약성서에는 '네 이웃을 네 자신처럼 사랑하라'고 되어 있다. 하지만 다비드는 그것이 오역이라고 본다. 바르게 옮기면 '네 이웃을 네 자신으로 사랑하라'라는 것이다. 이런 차원이 되면 우리는 타인을 그들이 나를 사랑하기 때문에 사랑하는 것이 아니라 우리가 그들이기 때문에 사랑한다.

"진정으로 당신 자신을 알면 당신의 중심은 우리 모두가 하나인 곳으로 옮아갑니다. 물론 그것은 아주 기나긴 과정이겠지만 그 끝에는 용서와 치유가 자리합니다. 너무 추상적이고 이론적인 말이라고 반발할 사람들도 있겠지만, 우리는 아주 좋아하는 사람, 사랑하는 사람 곁에 있을 때 온전함을 느낍니다. 그 순간 우리에겐 화를 낼 능력이 사라집니다. 그리고 어느 순간 우리의 자아는 모든 것을 포용하게 됩니다."

시는 단어의 음악이다. 헤르만 헤세의 시 '단계'엔 인생의 모험 전체가 담겨 있다. 이 책을 끝내면서 나는 그의 『유리알 유희』에 들어 있는 이 아름다운 시 한 편을 소개하고 싶다. 초롱초롱한 정신으로 이 시를 한 줄 한 줄 크게 읽어 보라. 이 시가 당신의 영혼에 아름다움의 숨결을 남길 터이니.

　　모든 꽃이 시들고
　　모든 청춘이 세월에 자리를 내어 주듯
　　모든 인생의 단계도, 지혜와 미덕도,
　　제 시절에 피어날 뿐 영원하지 못하다.
　　삶이 부를 때마다 마음은
　　슬퍼하지 않고 용감하게

또 다른 속박에 몸을 맡길 수 있도록

새 출발의 각오를 다져야 한다.

모든 시작에는 마력이 깃들어 있나니,

그 마력이 우리를 지켜 주고, 살아가도록 도와준다.

유쾌히 여기저기를 헤쳐 나가야 하며

어느 곳도 고향처럼 집착하지 말아야 한다.

세계정신은 우리를 붙들어 옥죄려 하지 않는다.

우리를 한 단계 한 단계 상승시키고 확장시키려 할 뿐.

어느 곳에서 고향처럼 편안하게

허물없이 살라치면 어느덧 무기력이 우리를 위협한다.

길 떠날 채비가 된 사람만이

우리를 마비시키는 습관에서 벗어나리니.

그러면 어쩌면 죽음의 시간마저

우리를 젊은 모습으로 새로운 곳으로 보내 줄 것이며

우리를 부르는 생의 외침은 결코 멈추지 않으리니.

그러면 좋아, 마음이여, 작별을 고하고 건강하여라.

감사의 말

이 책의 탄생에 결정적 공헌을 해 주신 비범한 세 인물부터 시작해야겠다. 추천사를 써 주셨고 여러 번 집으로까지 나를 초대해 주셨던 미하이 칙센트미하이. 그는 세계 최고의 학자이며 그가 발견한 플로우 체험은 행복한 삶의 가장 중요한 요소 중 하나다. 베네딕트회 수도사 다비드 슈타인들 라스트는 내가 만난 사람들 중 최고의 현인이다. 2007년 크렘스를 함께 거닐면서 그는 내게 순간의 아름다움을 느끼는 법을 가르쳐 주었고 '마음의 학교'에 관한 책을 쓰도록 영감을 주었다. 빌 스트릭랜드는 피츠버그의 빈민가에서 훌륭한 모델을 창조했다. 더 나은 세상을 꿈꾸기만 할 것이 아니라 우리 모두가 용기와 실천력만 있으면 그 꿈을 실현시킬 수 있음을 증명하는 모델을.

감사와 기쁨은 가장 중요한 행복의 열쇠라고 이 책은 말한다. 그런 뜻에서 나는 내 친구들에게 깊은 감사를 전한다. 에른스트 숄단은 빛

나는 지성과 큰 마음의 그릇을 가진 나의 벗이자 멘토이다. 그의 비판을 듣고 잠 못 이룬 밤도 있지만 덕분에 나는 허겁지겁 그릇된 방향으로 달려가는 실수를 범하지 않았다. 베른하르트 괴르크는 예전에도 그랬듯 이번에도 가장 먼저 내 원고를 읽어 준 깐깐한 독자였다. 출판사 사장 한네스 슈타이너는 책으로도 조금이나마 세상을 바꿀 수 있음을 가르쳐 준 진정한 나의 친구가 되었다. 못 말리는 낙관론자에 열렬한 유럽통합주의자인 크리스토프 라이틀은 20년 전부터 나의 꿈을 지지하였고 그의 친구가 될 수 있는 영광을 내게 선사해 주었다. 토마스 플뢰체네더와 알렉산더 되펠은 이 책의 메시지가 쏟아지는 정보의 홍수에 묻혀 휩쓸려 가지 않도록 온갖 아이디어를 제공해 주었다.

앙드레 다론, 바바라 펠트만, 아스트리트 클라인한스, 악셀 노이후버, 게르하르트 튀흘러는 근심도 기쁨도 함께하는 친구들이다.

지난 몇 년 동안 나는 예술계, 학계, 재계의 탁월한 인물 몇 분과 개인적인 친분을 쌓는 특권을 누렸다. 그들의 확신과 아이디어, 지식은 이 책을 쓰는 데 아주 큰 도움이 되었다. 작가 이사벨 아옌데, 파울로 코엘료, 학자 워런 베니스, 귄터 블로벨, 미하이 칙센트미하이, 안톤 차일링거, 「하버드 비즈니스 리뷰」의 편집장 앨런 웨버에 이르기까지, 이 걸출한 인물들에게도 깊은 감사를 드린다.

에니어그램의 선도적인 전문가 헬렌 팔머에게도 감사의 인사를 전하며, 그녀의 인성 모델에 대해 더 많은 것을 알고 싶은 독자들에겐 그녀의 책『에니어그램』을 추천하고 싶다.

이 책을 위해 많은 사람들이 나와 대화를 나누어 주었다. 예술가의 영혼을 보여 주신 위대한 극작가 페터 투리니에게 누구보다 먼저 감사를 전한다. 그 이외에도 마티 애슈비, 크리스티네 바우어 옐리네크, 프란츠 크사버 에브너, 볼프강 아이그너, 카린 엑스너 뵈러, 바바라 펠트만, 조시 그린, 안겔리카 하겐, 타챠나 슈뢰더 할레크, 라인하르트 할러, 아스트리트 클라인한스, 카롤리네 쿤츠, 미하엘 란다우, 알렉산더 로니아이, 한스 외르겐 만슈타인, 지그프리트 메린, 토마스 뮐러, 베르너 피찰, 크리스티안 포포우, 귀도 라이미츠, 페터 렌츠, 마틴 로테네더, 소냐 세르프, 미하엘라 자이저, 게오르크 스포르실, 할디스 슈타인뵈크 뢰프스트룀, 만프레드 슈텔치히, 레나테 뷔스팅거, 헤르비히 첸스에게도 감사를 전한다. 노인들에 관한 장은 빈의 렌베크에 있는 카리타스 소시알리스 호스피스를 방문하여 많은 도움을 받았다. 나의 질문에 친절하게 답해 주신 그곳의 자비나 디른베르거, 안네테 헨리, 로버트 오베른도르퍼, 안드레아 슈바르츠, 후만 바다니에게 특별히 감사의 인사를 전하고 싶다.

토마스 크라트키는 천재적인 아이디어로 이 책의 멋진 표지를 만들어 주었다. 바바라 브룬너는 내가 알고 있는 인쇄계 최고의 손이다. 미하엘라 라이헬은 이 책에 필요한 다양한 자료와 데이터를 찾아 주었다. 편집자 아놀드 클라펜뵈크는 분명한 메시지 전달과 높은 가독성을 위해 노력을 아끼지 않았다. 게를린데 프라이스는 독일과 스위스 독자들도 내 책을 잘 이해할 수 있도록 독일어를 손질해 주었다.

다비드 슈타인들 라스트를 자신의 방송 프로그램 〈우리 집에서 아침을 먹어요〉에 초대하여 그의 메시지를 수많은 시청자들에게 전달해 준 클라우디아 슈퇴클에게도 특별한 감사의 뜻을 전하고 싶다. 그녀는 인도 어린이 돕기 프로젝트에도 열심히 동참하고 있다.

어려운 시대를 살고 있는 독일 티베트 협회 회원들과 회장인 체텐 최히바우어에게는 나의 뜨거운 공감을 전하는 바이다.

마지막으로 이 책의 초고를 읽고 평을 해 주어 최종 원고 작업에 큰 도움이 되어 주신 코니 비쇼프베르거, 클라우디아 데네, 가비 하나우어, 타냐 마하체크, 도로테아 노이마이르, 악셀 노이후버, 소피아 푸팅거, 귄터 라타이, 엘리자베트 레스만, 소냐 세르프, 클라우디아 슈타이너, 비톨드 지만스키, 마누엘라 바이스만에게도 인사를 전하고 싶다.

마지막 페이지를 찾아온 당신을 진심으로 환영한다. 당신은 책을 펼치자마자 결말부터 궁금해 하는 17퍼센트에 해당되는 사람이다. 그래서 뒤에서부터 책을 읽기 시작한 것이다. 이 책의 내용은 다음 3가지로 요약할 수 있다.

다시 상처받을지 모른다는 두려움과 사랑을 향한 동경은 우리를 이끄는 가장 강력한 동력이다.

깊은 상처일수록 의미를 부여하고 그 상처를 인생의 일부로 받아들여야 한다.

상처받기 쉬운 마음만이 사랑하는 마음이 될 수 있다.

내가 아파 보기 전에는 절대 몰랐던 것들

| 펴낸날 | 초판 1쇄 2011년 9월 5일 |
| | 초판 3쇄 2011년 10월 10일 |

지은이 **안드레아스 잘허**
옮긴이 **장혜경**
펴낸이 **심만수**
펴낸곳 **(주)살림출판사**
출판등록 **1989년 11월 1일 제9-210호**

경기도 파주시 교하읍 문발리 파주출판도시 522-1
전화 **031)955-1350** 팩스 **031)955-1355**
기획·편집 **031)955-1377**
http://www.sallimbooks.com
book@sallimbooks.com

ISBN 978-89-522-1631-1 13320

책임편집 **강영특·양민**